The Three Beautiful Daughters

The Three Beautiful Daughters

A Story in Simplified Chinese and Pinyin,
1200 Word Vocabulary Level
Includes English Translation

Book 9 of the *Journey to the West* Series

Written by Jeff Pepper
Chinese Translation by Xiao Hui Wang

Based on chapters 22 and 23 of the original Chinese novel *Journey to the West* by Wu Cheng'en

This is a work of fiction. Names, characters, organizations, places, events, locales, and incidents are either the products of the author's imagination or used in a fictitious manner. Any resemblance to actual persons, living or dead, or actual events is purely coincidental.

Copyright © 2020 – 2022 by Imagin8 Press LLC, all rights reserved.

Published in the United States by Imagin8 Press LLC, Verona, Pennsylvania, US. For information, contact us via email at info@imagin8press.com, or visit www.imagin8press.com.

Our books may be purchased directly in quantity at a reduced price, visit our website www.imagin8press.com for details.

Imagin8 Press, the Imagin8 logo and the sail image are all trademarks of Imagin8 Press LLC.

Written by Jeff Pepper
Chinese translation by Xiao Hui Wang
Cover design by Katelyn Pepper and Jeff Pepper
Book design by Jeff Pepper
Artwork by Next Mars Media, Luoyang, China
Audiobook narration by Junyou Chen

Based on the original 16th century Chinese novel by Wu Cheng'en

ISBN: 978-1733165068
Version 16

Acknowledgements

We are deeply indebted to the late Anthony C. Yu for his incredible four-volume translation, *The Journey to the West* (University of Chicago Press, 1983, revised 2012).

We have also referred frequently to another unabridged translation, William J.F. Jenner's *The Journey to the West* (Collinson Fair, 1955; Silk Pagoda, 2005), as well as the original Chinese novel 西游记 by Wu Cheng'en (People's Literature Publishing House, Beijing, 1955). And we've gathered valuable background material from Jim R. McClanahan's *Journey to the West Research Blog* (www.journeytothewestresearch.com).

And many thanks to the team at Next Mars Media for their terrific illustrations, Jean Agapoff for her careful proofreading, and Junyou Chen for his wonderful audiobook narration.

Audiobook

A complete Chinese language audio version of this book is available free of charge. To access it, go to YouTube.com and search for the Imagin8 Press channel. There you will find free audiobooks for this and all the other books in this series.

You can also visit our website, www.imagin8press.com, to find a direct link to the YouTube audiobook, as well as information about our other books.

Preface

This book is based on chapters 22 and 23 of *Journey to The West* (西游记, xī yóu jì), an epic novel written in the 16th century by Wu Chen'en. *Journey to The West* is loosely based on an actual journey by the Buddhist monk Tangseng (called Xuanzang and Sanzang in earlier books), who traveled from the Chinese city of Chang'an westward to India in 629 A.D. and returned 17 years later with priceless knowledge and texts of Buddhism. Over the course of the book the band of travelers face the 81 tribulations that Tangseng had to endure to attain Buddhahood.

Each book in our *Journey to the West* series covers a short section of the original 2000-page novel. In this, the ninth book in our series, we meet another new disciple: the river-dwelling monster Sha Wujing (literally, "Sand Aware of Purity" or "Sand Seeking Purity") who at one time was the Curtain Raising Captain. Sha was banished from heaven by the Yellow Emperor for breaking an extremely valuable cup during a drunken visit to the Peach Festival, and ordered to live underwater and prey on passing travelers. His near-fatal mistake is very similar to mistakes made by the pig-man Zhu Bajie who made a drunken pass at the Goddess of the Moon, and of course the monkey king Sun Wukong who broke nearly every rule in Heaven before being cooked in a brazier and then locked under a mountain for five centuries.

Sha Wujing is sometimes just called Sha ("Sand"), and is

said to resemble a water buffalo because of his great strength and his somewhat limited mental abilities.

We meet Sha in the first half of this book, but the most interesting events occur in the second half when the pilgrims arrive at a beautiful home seeking a simple vegetarian meal and a place to stay for the night. What they encounter instead is a lovely and wealthy widow and her three even more lovely daughters.

This meeting is, of course, much more than it appears to be, and it turns into a test of commitment and virtue for all of the pilgrims. Of course we expect that the Tang monk will pass the test, and we're not sure about the impulsive and unpredictable monkey king. But any test of moral strength will be extremely challenging for Zhu Bajie, the lazy and lustful pig-man. Zhu's life is a constant battle against his appetites and desires, and in this book he faces his biggest battle yet.

All of the stories in this series are all written in simple language suitable for intermediate Chinese learners. Our core vocabulary is 1200 words, made up of the 600 words of HSK3 plus another 600 or so words that were introduced in the previous books of the series. All words used in this book are defined in the glossary.

Whenever we introduce a new word or phrase, it's defined in a footnote on the page where it first appears, and also appears in the glossary.

In the main body of the book, each page of Chinese characters is matched with a facing page of pinyin. This is unusual for Chinese novels but we feel it's important. By including the pinyin, as well as a full English version and glossary at the end, we hope that every reader, no matter what level of mastery they have of the Chinese language, will be able to understand and enjoy the story we tell here.

Careful readers will notice that the English translation sometimes doesn't exactly match the Chinese. This is because we've tried to express the story in both languages in the most natural style, and sometimes it's just not possible (or desirable) to translate word-for-word from one language to the other.

Please visit our website, www.imagin8press.com, which contains a link to the full (and free) audio recording of this book. You can also sign up to be notified about new books in this series as they become available.

We hope you like this book, and we'd love to hear from you! Write us at info@imagin8press.com.

Jeff Pepper and Xiao Hui Wang
Pittsburgh, Pennsylvania, USA

The Three Beautiful Daughters
三个漂亮的女儿

Dì 22 Zhāng

Wǒ qīn'ài de háizi, zuó wǎn wǒ gěi nǐ jiǎng le Huáng Fēng Shānwáng de gùshi. Wǒ shuō le, shānwáng zhuāzhù le Tángsēng hái dǎsuàn chī diào tā. Dànshì Sūn Wùkōng hé Zhū Bājiè zài fózǔ Guānyīn de bāngzhù xià zǔzhǐ le tā.

Hóuzi hé zhū zǔzhǐ le shānwáng zài wǎnfàn shí bǎ Tángsēng chī le. Zhè yǐhòu, sān rén jìxù xiàng xīxíng, xiàng Léi Yīn Shān zǒu qù. Tāmen zǒu le yígè yuè, méiyǒu yùdào rènhé máfan. Xiàtiān biànchéng qiūtiān, kōngqì biàn lěng le.

Yǒu yìtiān tāmen láidào le yìtiáo hěn kuān de hé. Sūn Wùkōng bǎ shǒu fàng zài yǎnjīng shàng, kàn xiàng hé de duìmiàn. "Shīfu," tā shuō, "wǒmen yǒu gè wèntí. Zhè tiáo hé yǒu bābǎi lǐ kuān. Wǒ dāngrán kěyǐ hěn róngyì de guòqù, zhǐyào

第 22 章

我亲爱的孩子,昨晚我给你讲了黄风山王的故事。我说了,山王抓住了唐僧还打算吃掉他。但是孙悟空和猪八戒在佛祖观音的帮助下阻止[1]了他。

猴子和猪阻止了山王在晚饭时把唐僧吃了。这以后,三人继续向西行,向雷音山走去。他们走了一个月,没有遇到任何麻烦。夏天变成秋天,空气变冷了。

有一天他们来到了一条很宽的河。孙悟空把手放在眼睛上,看向河的对面。"师父,"他说,"我们有个问题。这条河有八百里宽。我当然可以很容易地过去,只要

---

[1] 阻止　　　zǔzhǐ – to stop

yòng wǒde jīndǒu yún. Dànshì duì nín lái shuō, zhè yào nán yì qiān bèi."

Tángsēng tīngdào zhèxiē huà hěn bù gāoxìng. Tā cóng mǎshàng xiàlái. Ránhòu tā dītóu kànzhe dìmiàn, kàn dào zài shítou shàng xiězhe de sān gè zì: 'Liú Shā Hé.'

Jiù zài tā dúzhe zhèxiē zì de shíhòu, shuǐ hěnkuài de shàng lái jiù xiàng yízuò gāoshān. Yígè dà yāoguài tiào le chūlái. Yāoguài de tóufà xiàng huǒ yíyàng hóng, tā de yǎnjīng shì hēisè de, liǎn shì lǜhēisè de. Bózi shàng dàizhe jiǔ gè tóugǔ. Shǒu lǐ názhe yì gēn guǎizhàng.

Yāoguài pǎo dào hé biān, xiǎngyào zhuāzhù Tángsēng. Dànshì hóuwáng bǐ yāoguài hái yào kuài, tā bào qǐ Tángsēng bǎ tā dài dào gèng gāo de

用我的筋斗云。但是对您来说,这要难一千倍²。"

唐僧听到这些话很不高兴。他从马上下来。然后他低头看着地面,看到在石头上写着的三个字:'流沙河。'

就在他读着这些字的时候,水很快地上来就像一座高山。一个大妖怪跳了出来。妖怪的头发像火一样红,他的眼睛是黑色的,脸是绿黑色的。脖子³上戴着九个头骨⁴。手里拿着一根拐杖。

妖怪跑到河边,想要抓住唐僧。但是猴王比妖怪还要快,他抱起唐僧把他带到更高的

---

² 倍　　　bèi – times, so 千倍 is a thousand times
³ 脖子　　bózi – neck
⁴ 骨　　　gǔ – bone, so 头骨 is head bone, or skull

dìfāng. Zhū Bājiè yòng jiǔ zhuǎ bàzi dǎ yāoguài. Zhū hé yāoguài zhàndòu le hěn cháng shíjiān. Zhū yòng bàzi, yāoguài yòng guǎizhàng.

Tāmen dǎ le èrshí gè láihuí, dàn méiyǒu rén néng yíng.

Zài tāmen zhàndòu de shíhòu, Sūn Wùkōng zài gāo dì shàng kànzhe. Yīkāishǐ tā zhǐshì juédé hǎowán. Dànshì dāng zhàndòu jìxù xiàqù shí, tā biàn dé hěn shēngqì, yě xiǎng qù zhàndòu. Tā ná chū jīn gū bàng, duì Tángsēng shuō, "Shīfu, qǐng děng zài zhèlǐ. Búyào hàipà, ràng lǎo hóuzi qù hé zhège yāoguài wán yīhuǐ'er!"

Zhū hé yāoguài dōu méiyǒu kàndào Sūn Wùkōng de dàolái, yīnwèi tāmen dǎdòu dé hěn lìhài. Suǒyǐ Sūn Wùkōng jiù kěyǐ zǒu dào yāoguài de hòumiàn, yòng tā de bàng dǎ yāoguài de tóu. Yāoguài hěn chījīng. Tā tíngzhǐ le zhàndòu, ránhòu tiào rù Liú Shā Hé,

地方。猪八戒用九爪耙子打妖怪。猪和妖怪战斗了很长时间。猪用耙子，妖怪用拐杖。

他们打了二十个来回，但没有人能赢。

在他们战斗的时侯，孙悟空在高地上看着。一开始他只是觉得好玩。但是当战斗继续下去时，他变得很生气，也想去战斗。他拿出金箍棒，对唐僧说，"师父，请等在这里。不要害怕，让老猴子去和这个妖怪玩一会儿！"

猪和妖怪都没有看到孙悟空的到来，因为他们打斗得很厉害。所以孙悟空就可以走到妖怪的后面，用他的棒打妖怪的头。妖怪很吃惊[5]。他停止了战斗，然后跳入流沙河，

---

[5] 吃惊　　chījīng – to be surprised

<u>孙悟空</u>就可以走到妖怪的后面,用他的棒打妖怪的头。

Sūn Wùkōng jiù kěyǐ zǒu dào yāoguài de hòumiàn, yòng tā de bàng dǎ yāoguài de tóu.

Sun Wukong was able to come up behind the monster and whack him on the head with his rod.

bújiàn le.

"Gēge, nǐ wèishénme yào nàme zuò?" Zhū Bājiè kū hǎn dào. "Yāoguài lèi le. Zài yǒu sì, wǔ gè láihuí, wǒ jiù huì yíng le! Xiànzài, yāoguài yǐjīng táozǒu le. Wǒmen xiànzài yào zuò shénme?"

Sūn Wùkōng zhǐshì xiàozhe shuō, "Xiōngdì, wǒ bìxū gàosù nǐ. Zìcóng wǒ yòng bàng dǎ yíng Huáng Fēng Shān de shānwáng hòu, yǐjīng yǒu yígè yuè méiyǒu yòng tā le. Wǒ zhǐ xiǎng wán wán! Dànshì kàn qǐlái nàge yāoguài bù zhīdào zěnme wán, suǒyǐ tā jiù táozǒu le."

Tāmen liǎng gè shuōxiàozhe huí dào Tángsēng nàlǐ. Dāng lái dào Tángsēng děng tāmen de dìfāng shí, tāmen gàosù Tángsēng zài hé biān de zhàndòu.

Tángsēng shuō, "Zhège yāoguài kěnéng zài zhèlǐ zhù le hěn cháng shí

不见了。

"哥哥，你为什么要那么做？"猪八戒哭喊道。"妖怪累了。再有四、五个来回，我就会赢了！现在，妖怪已经逃走了。我们现在要做什么？"

孙悟空只是笑着说，"兄弟，我必须告诉你。自从我用棒打赢黄风山的山王后，已经有一个月没有用它了。我只想玩玩！但是看起来那个妖怪不知道怎么玩，所以他就逃走了。"

他们两个说笑着回到唐僧那里。当来到唐僧等他们的地方时，他们告诉唐僧在河边的战斗。

唐僧说，"这个妖怪可能在这里住了很长时

jiān. Suǒyǐ tā zhīdào zhè tiáo hé. Tā zhīdào zài nǎlǐ děng wǒmen. Wǒmen jiù bùnéng guò hé."

"Shìde," Sūn Wùkōng huídá. "Dāng wǒmen zhuā zhù yāoguài shí, wǒmen bù yīnggāi shāsǐ tā. Wǒmen yīnggāi ràng tā dài nǐ guò hé."

"Hǎo zhǔyì," Zhū shuō. "Nǐ yīnggāi qù hé lǐ zhuā zhù yāoguài."

"Zěnme shuō ne, wǒ kěyǐ zài dìshàng huò kōngzhōng hé tā zhàndòu, dànshì wǒ bú tài huì zài shuǐzhōng zhàndòu. Dāngrán wǒ kěyǐ biànchéng yìtiáo yú, dànshì nàyàng wǒ jiù bùnéng yòng wǒde bàng le, suǒyǐ wǒ kěnéng bú huì yíng."

"Méi wèntí," Zhū shuō, "wǒ zài shuǐzhōng méiyǒu wèntí. Jìdé ma, hěnjiǔ yǐqián wǒ zhù zài tiāngōng de shíhòu, wǒ shì Tiānpéng Yuánshuài. Dànshì wǒ dānxīn yāoguài kěnéng zài nàlǐ yǒu hěn

间。所以他知道这条河。他知道在哪里等我们。我们就不能过河。"

"是的，"孙悟空回答。"当我们抓住妖怪时，我们不应该杀死他。我们应该让他带你过河。"

"好主意，"猪说。"你应该去河里抓住妖怪。"

"怎么说呢，我可以在地上或空中和他战斗，但是我不太会在水中战斗。当然我可以变成一条鱼，但是那样我就不能用我的棒了，所以我可能不会赢。"

"没问题，"猪说，"我在水中没有问题。记得吗，很久以前我住在天宫的时侯，我是天蓬元帅。但是我担心妖怪可能在那里有很

duō péngyǒu hé qīnqi. Tāmen kěnéng huì bāngzhù tā yìqǐ zhàndòu."

Sūn Wùkōng shuō, "Hǎo. Nǐ qù nàlǐ hé yāoguài kāishǐ zhàndòu. Ránhòu pǎo huí hé biān. Dāng yāoguài gēnzhe nǐ lái de shíhòu, wǒ huì zài dìshàng hé tā zhàndòu."

Dāng tāmen shuōhuà de shíhòu, yāoguài zhèngzài hé dǐ xiūxi. Tā kànjiàn Zhū xiàng tā zǒu lái. Tā dà hǎn, "Xiǎoxīn, héshang. Rúguǒ nǐ zài zǒu jìn, wǒ huì yòng wǒde guǎizhàng dǎ nǐ!"

Zhū huídá, "Nǐ shì shénme yàng de yāoguài, wèishénme yào zǔzhǐ wǒmen?"

"Wǒ búshì yāoguài. Wǒ yǒu míngzì."

多朋友和亲戚[6]。他们可能会帮助他一起战斗。"

孙悟空说,"好。你去那里和妖怪开始战斗。然后跑回河边。当妖怪跟着你来的时侯,我会在地上和他战斗。"

当他们说话的时侯,妖怪正在河底休息。他看见猪向他走来。他大喊,"小心,和尚。如果你再走近,我会用我的拐杖打你!"

猪回答,"你是什么样的妖怪,为什么要阻止我们?"

"我不是妖怪。我有名字。"

---

[6] 亲戚　　qīnqi – relative

"Rúguǒ nǐ búshì yāoguài, wèishénme yào shā rén?"

"Děngzhe, héshang, ràng wǒ gàosù nǐ wǒ de gùshi. Dāng wǒ háishì gè háizi de shíhòu, wǒ jiù yǒu hěn qiángdà de shénqì. Xǔduō cì zǒuguò rénjiān jìnrù tiāngōng. Duō nián lái, wǒ yìzhí zài zhǎo yí wèi zhēn de dàshī. Zhōngyú, wǒ zhǎodào le yí wèi jīnguāng dàdào de lǎoshī. Wǒ hé tā yìqǐ xuéxí, yìzhí dào fāxiàn wǒ zìjǐ xīnlǐ de guāngmíng diàn. Wǒ kàndào le tiāngōng de liǎn, wǒ yùdào le Yùhuáng Dàdì. Tā ràng wǒ chéngwéi le Juǎn Lián Dàjiàng. Wǒ chuānzhe jīnsè kuījiǎ, shì dàdì bǎozuò de bǎohù rén.

"Yǒuyìtiān, Wángmǔ Niángniáng jǔxíng táohuā yànhuì. Wǒ shǒu lǐ názhe yì zhī guìzhòng de yùbēi. Dànshì wǒ yìzhí zài hējiǔ, shǒu méiyǒu ná zhù yùbēi, yùbēi zài dìshàng bèi dǎ huài le.

"如果你不是妖怪,为什么要杀人?"

"等着,和尚,让我告诉你我的故事。当我还是个孩子的时候,我就有很强大的神气。许多次走过人间进入天宫。多年来,我一直在找一位真的大师。终于,我找到了一位金光大道的老师。我和他一起学习,一直到发现我自己心里的光明殿[7]。我看到了天宫的脸,我遇到了<u>玉皇大帝</u>。他让我成为了<u>卷帘</u>大将。我穿着金色盔甲,是大帝宝座的保护人。

"有一天,<u>王母娘娘</u>举行桃花宴会。我手里拿着一只贵重的玉杯。但是我一直在喝酒,手没有拿住玉杯,玉杯在地上被打坏了。

---

[7] The Hall of Light, 光明殿 (guāngmíng diàn), refers to the third eye, a point of focus in meditation.

Yùhuáng Dàdì fēicháng shēngqì, zhǔnbèi shā le wǒ. Dànshì, Chìjiǎo Dàxiān qǐng tā tíng xià, búyào shā wǒ. Suǒyǐ Yùhuáng Dàdì méiyǒu shā wǒ, dàn tā ràng wǒ zhù zài zhè tiáo hé lǐ. Xiànzài wǒ bìxū chī rén cáinéng huó xiàlái. Kǎn mùtou de rén kàn dào wǒ, tā de shēngmìng jiù jiéshù le. Zhuā yú de rén kànjiàn wǒ, tā jiù sǐ le. Wǒ chī le hěnduō rén. Xiànzài wǒ yě yào chī diào nǐ. Dànshì wǒ gàosù nǐ, nǐ kàn qǐlái bú tài hǎo chī."

Zhū tīng le zhège gùshi, hěn shēngqì. Tā dà hǎn, "Nǐ juédé wǒ bù hǎo chī ma? Hǎo ba, nà jiù qǐng chī wǒ de bàzi ba!" Tāmen yòu kāishǐ le dì èr cì zhàndòu, dàn zhè zhàndòu shì zài shuǐ xià. Tāmen dǎ le liǎng gè xiǎoshí, dàn méi rén néng yíng.

Zài tāmen zhàndòu de shíhòu, Sūn Wùkōng děng zài hé biān, názhe tā de jīn gū bàng, zǒu guòlái zǒu guòqù. Tā zhēnde xīwàng Zhū bǎ yāoguài cóng shuǐzhōng dài dào dìshàng. Zuìhòu tā bùnéng zài děng

玉皇大帝非常生气，准备杀了我。但是，赤脚大仙请他停下，不要杀我。所以玉皇大帝没有杀我，但他让我住在这条河里。现在我必须吃人才能活下来。砍木头的人看到我，他的生命就结束了。抓鱼的人看见我，他就死了。我吃了很多人。现在我也要吃掉你。但是我告诉你，你看起来不太好吃。"

猪听了这个故事，很生气。他大喊，"你觉得我不好吃吗？好吧，那就请吃我的耙子吧！"他们又开始了第二次战斗，但这战斗是在水下。他们打了两个小时，但没人能赢。

在他们战斗的时侯，孙悟空等在河边，拿着他的金箍棒，走过来走过去。他真的希望猪把妖怪从水中带到地上。最后他不能再等

le. Tā pǎo jìn shuǐ lǐ, xiǎng yào yòng tā de bàng dǎ yāoguài. Yāoguài kànjiàn tā lái le, zhuǎnshēn, zài yícì jìnrù hé dǐ.

"Nǐ zhè hěn bèn de húsūn!" Zhū hǎn dào. "Rúguǒ nǐ zài děng yīhuǐ'er, wǒ huì bǎ tā dài dào gāo dìshàng. Nǐ jiù kěyǐ zǔzhǐ tā huí dào hé lǐ, wǒmen huì yíngdé zhè cì zhàndòu!"

"Bié duìzhe wǒ hǎn," Sūn Wùkōng dà xiào. "Ràng wǒmen huí dào shīfu nàlǐ, tán tán zhè shì."

Tāmen huí dào le Tángsēng nàlǐ, gàosù le Tángsēng tāmen hé yāoguài de zhàndòu. "Wǒmen xiànzài yīnggāi zěnme bàn?" Tángsēng wèn.

"Shīfu, nín búyào dānxīn," Sūn Wùkōng shuō. "Tiān yǐjīng wǎn le. Wǒ qù yào yìxiē sùshí. Wǒmen jīntiān wǎnshàng kěyǐ chīfàn xiūxi, míngtiān qù zhǎo zhǎo jiějué wèntí de bànfǎ." Sūn Wùkōng tiào dào kōngzhōng bújiàn le. Guò le huì er,

了。他跑进水里，想要用他的棒打妖怪。妖怪看见他来了，转身，再一次进入河底。

"你这很笨的猢狲！"猪喊道。"如果你再等一会儿，我会把他带到高地上。你就可以阻止他回到河里，我们会赢得这次战斗！"

"别对着我喊，"孙悟空大笑。"让我们回到师父那里，谈谈这事。"

他们回到了唐僧那里，告诉了唐僧他们和妖怪的战斗。"我们现在应该怎么办？"唐僧问。

"师父，您不要担心，"孙悟空说。"天已经晚了。我去要一些素食。我们今天晚上可以吃饭休息，明天去找找解决问题的办法。"孙悟空跳到空中不见了。过了会儿，

tā dàizhe yìxiē hǎo chī de shíwù huílái le.

"Wùkōng," Tángsēng shuō, "wèishénme wǒmen bú qù zhǎo gěi nǐ shíwù de rénjiā, qǐng tāmen bāngmángguò hé?"

"Nǐ bùnéng nàyàng zuò. Nà jiā lí zhèlǐ yǒu qīqiān lǐ."

"Búyào gàosù wǒmen zhèyàng de gùshi," Zhū shuō. "Nǐ zěnme néng zǒu qīqiān lǐ, ná le shíwù, zhème kuài jiù huílái le ne?"

Sūn Wùkōng huídá, "Nǐ bù zhīdào wǒ de jīndǒu yún ma? Zhǐyào yícì, wǒ jiù kěyǐ zǒu shí wàn bāqiān lǐ. Suǒyǐ, jǐ qiān lǐ duì wǒ lái shuō hěn róngyì."

"Rúguǒ nà duì nǐ láishuō hěn róngyì, nǐ wèishénme bùnéng dài

他带着一些好吃的食物回来了。

"悟空，"唐僧说，"为什么我们不去找给你食物的人家，请他们帮忙过河？"

"你不能那样做。那家离这里有七千里。"

"不要告诉我们这样的故事，"猪说。"你怎么能走七千里，拿了食物，这么快就回来了呢？"

孙悟空回答，"你不知道我的筋斗云吗？只要一次，我就可以走十万八千里[8]。所以，几千里对我来说很容易。"

"如果那对你来说很容易，你为什么不能带

---

[8] Sun Wukong's cloud somersault lets him travel 108,000 *li* at a time. The number 108 is considered sacred in Hinduism, Buddhism, and Jainism. There are many theories about the origin of this belief.

zhe wǒ hé Tángsēng fēiguò hé ne?" Zhū wèn.

"Nàme, nǐ wèishénme bú dài tā ne?" Sūn Wùkōng huídá.

"Wǒ bùnéng dài tā. Wǒ zài yún shàng fēi de shíhòu, shīfu huì xiàng Tài Shān yíyàng zhòng."

"Duì wǒ láishuō yěshì yíyàng. Dànshì, rúguǒ wǒ zhēn de néng zuòdào, zhè yě búshì yígè hǎo zhǔyì. Nǐ zhīdào zhè jù huà, 'róngyì dédào de shìqing hěn kuài jiù huì bèi wàngjì.' Wǒmen de shīfu bìxū zìjǐ wánchéng zhè cì xīyóu. Wǒmen de gōngzuò zhǐshì bǎohù tā de shēntǐ hé tā de shēngmìng, dàn wǒmen bùnéng bāng tā jiějué lǚtú zhōng yù dào de máfan, wǒmen shì bù

着我和唐僧飞过河呢？"猪问。

"那么，你为什么不带他呢？"孙悟空回答。

"我不能带他。我在云上飞的时侯，师父会像泰山[9]一样重。"

"对我来说也是一样。但是，如果我真的能做到，这也不是一个好主意。你知道这句话，'容易得到的事情很快就会被忘记。'我们的师父必须自己完成这次西游。我们的工作只是保护他的身体和他的生命，但我们不能帮他解决旅途中遇到的麻烦，我们是不

---

[9] Tài Shān (泰山), Mount Tai, is a large mountain in Shandong. It appears on the Chinese 5 RMB bank note. It is mentioned in many stories and idioms, for example, "Though death befalls all men alike, it may be weightier than Mount Tai or lighter than a feather."

néng cóng xītiān dài huí shèng shū. Shīfu bìxū zìjǐ zuò zhè jiàn shì."

Zhū méiyǒu zàishuō shénme, suǒyǐ tāmen sān gè rén zuò xiàlái chī le sùshí.

Dì èr tiān zǎochén, Sūn Wùkōng duì Zhū shuō, "Hǎo ba, ràng wǒmen zài shì yícì. Nǐ huí dào shuǐzhōng, bǎ yāoguài dài dào hé biān. Zhè cì, wǒ huì shìzhe děng nǐ!" Ránhòu, Zhū zàicì zǒu jìn shuǐ lǐ, gāojǔ bàzi. Tā zàicì yù dào le nàge yāoguài, yāoguài dà hǎn, "Nǐ yòu lái le? Dāngxīn wǒ de guǎizhàng!"

"Nàge jiù dōngxi?" Zhū huídá. "Wǒ wèishénme yào dānxīn?"

Yāoguài názhe tā shuō, "Zhè guǎizhàng hěn yǒumíng. Tā búshì rén

能从西天带回圣书。师父必须自己做这件事。"

猪没有再说什么,所以他们三个人坐下来吃了素食。

第二天早晨,孙悟空对猪说,"好吧,让我们再试一次。你回到水中,把妖怪带到河边。这次,我会试着等你!"然后,猪再次走进水里,高举耙子。他再次遇到了那个妖怪,妖怪大喊,"你又来了?当心我的拐杖!"

"那个旧东西?"猪回答。"我为什么要担心?"

妖怪拿着它说,"这拐杖很有名。它不是人

他们三个人坐下来吃了素食。

Tāmen sān gè rén zuò xiàlái chī le sùshí.

The three of them sat down and ate the vegetarian food.

zuò de. Tā shì Wú Gāng cóng yì kē dà shù shàng kǎn xià de. Tāde zhōngjiān shì huángjīn, wàimiàn bāozhe zhēnzhū. Wǒ zhǐyào xiǎng, jiù kěyǐ ràng tā biàn dà huò biàn xiǎo. Shì Yùhuáng Dàdì gěi wǒ de, yòng lái bǎohù tāde bǎozuò. Nǐ hé nǐde xiǎo bàzi méiyǒu bànfǎ hé tā bǐ."

"Zhè shì nǐ xiànzài shuō de," Zhū huídá. "Dànshì dāng wǒ yòng zhè bàzi dǎ nǐ shí, nǐde xuě jiù huì cóng nǐ shēntǐ de jiǔ gè dòng zhōng liú chūlái. Rúguǒ nǐ méiyǒu mǎshàng sǐqù, nàme nǐde xuě liú wán nǐ jiù sǐ le!"

Suǒyǐ, tāmen dì sān cì yòu dǎ le qǐlái. Zhè cì, Zhū xiǎng yào bǎ yāoguài lā dào hé biān, dàn yāoguài zhīdào Zhū xiǎng zuò shénme, tā jiùshì bù chūlái. Érshì xiǎng yào bǎ Zhū lā dào shuǐ

做的。它是吴刚[10]从一棵大树上砍下的。它的中间是黄金，外面包着珍珠。我只要想，就可以让它变大或变小。是玉皇大帝给我的，用来保护他的宝座。你和你的小耙子没有办法和它比。"

"这是你现在说的，"猪回答。"但是当我用这耙子打你时，你的血就会从你身体的九个洞中流出来。如果你没有马上死去，那么你的血流完你就死了！"

所以，他们第三次又打了起来。这次，猪想要把妖怪拉到河边，但妖怪知道猪想做什么，他就是不出来。而是想要把猪拉到水

---

[10] In Chinese legend, Wú Gāng (吴刚) lived on the moon, where he tried repeatedly to cut down a great cassia tree, only to see it grow back again. The expression "Wu Gang chopping the tree" is used to describe any endless toil.

dǐ.

Zuìhòu, Zhū cóng hé lǐ chūlái, zhàn zài hé biān, duì Sūn Wùkōng shuō, "Nàge yāoguài tài cōngmíng le, wǒmen méiyǒu bànfǎ ràng tā shàng dào hé biān."

"Shìde, shì zhèyàng de. Wǒ xiǎng wǒmen xūyào bāngzhù. Shì shíhòu dào nánhǎi hé Guānyīn tán tán le. Zhè cì xīyóu shì tāde zhǔyì. Tā yǐqián bāngzhù guò wǒmen hěnduō cì. Tā zhè cì kěnéng hái huì bāngzhù wǒmen." Tā yòng jīndǒu yún qiánwǎng nánhǎi de Pǔtuóluòjiā Shān. Tā lái dào le Guānyīn miào. Nàlǐ de yí wèi shén jiàn le tā, dài tā qù jiàn Guānyīn.

"Shì shénme ràng nǐ lái dào zhèlǐ?" tā wèn. "Nǐ yīnggāi hé Tángsēng zài yìqǐ."

"Guānyīn fózǔ, wǒ shīfu zài Gāocūn yòu dédào le yígè túdì. Tā shì zhū, míng jiào Zhū Bājiè, fǎ míng jiào Zhū Wùnéng.

底。

最后，<u>猪</u>从河里出来，站在河边，对<u>孙悟空</u>说，"那个妖怪太聪明了，我们没有办法让他上到河边。"

"是的，是这样的。我想我们需要帮助。是时候到南海和<u>观音</u>谈谈了。这次西游是她的主意。她以前帮助过我们很多次。她这次可能还会帮助我们。"他用筋斗云前往南海的<u>普陀洛迦</u>山。他来到了<u>观音</u>庙。那里的一位神见了他，带他去见<u>观音</u>。

"是什么让你来到这里？"她问。"你应该和<u>唐僧</u>在一起。"

"<u>观音</u>佛祖，我师父在<u>高</u>村又得到了一个徒弟。他是猪，名叫<u>猪八戒</u>，法名叫<u>猪悟能</u>。

Wǒmen sān gè rén líkāi le Huángfēng Shān, zǒu le yígè yuè. Wǒmen lái dào le yìtiáo dàhé, jiào Liú Shāhé. Tā yǒu bābǎi lǐ kuān, wǒmen guòbúqù. Gèng bù hǎo de shì, yǒu yígè yāoguài zhù zài hé lǐ. Zhū hé tā zhàndòu le sāncì, dàn tā dǎ dé fēicháng hǎo, wǒmen méiyǒu bànfǎ yíng tā. Wǒmen yāoqiú nín de bāngzhù!"

"A, nǐ zhè bèn hóuzi. Nǐ yǒuméiyǒu xiǎngguò hé tā shuō nǐ shì Tángsēng de túdì?"

"Wǒmen zhǐshì xiǎng zhuāzhù zhège yāoguài, ràng tā bāngzhù wǒmen guò hé. Wǒ zài shuǐ lǐ bùxíng, suǒyǐ Zhū cānjiā le suǒyǒu de zhàndòu. Zhū hé yāoguài tángguò, dàn wǒ bù zhīdào tā shìbúshì shuōguò Tángsēng."

"Nà búshì yāoguài. Nà shì Juǎn Lián Dàjiàng, shì Yùhuáng Dàdì bǎ tā sòng dào hé lǐ de. Wǒ ràng tā děng yígè héshang, zhè wèi héshang yào qù xītiān zhǎo fózǔ shèng shū, zài bǎ shèng shū dài huí Zhōng

我们三个人离开了黄风山，走了一个月。我们来到了一条大河，叫流沙河。它有八百里宽，我们过不去。更不好的是，有一个妖怪住在河里。猪和他战斗了三次，但他打得非常好，我们没有办法赢他。我们要求您的帮助！"

"啊，你这笨猴子。你有没有想过和他说你是唐僧的徒弟？"

"我们只是想抓住这个妖怪，让他帮助我们过河。我在水里不行，所以猪参加了所有的战斗。猪和妖怪谈过，但我不知道他是不是说过唐僧。"

"那不是妖怪。那是卷帘大将，是玉皇大帝把他送到河里的。我让他等一个和尚，这位和尚要去西天找佛祖圣书，再把圣书带回中

Guó. Rúguǒ nǐ gēn tā shuō nǐ shì hé Tángsēng yìqǐ de, tā huì hěn gāoxìng bāng nǐmen guò hé de."

"Dànshì, wǒ bù zhīdào zhèxiē shì. Yāoguài xiànzài hěn pà wǒmen. Tā zài hé dǐ bù chūlái. Wǒmen zěnme néng ràng tā chūlái?"

Guānyīn jiào le tāde túdì Mùchā, gěi le tā yígè hóngsè de xiǎo húlu. "Qù Liú Shā Hé, dàshēng jiào 'Wùjìng!'. Tā huì mǎshàng chūlái de. Bǎ tā dài dào Tángsēng nàlǐ. Ránhòu cóng Wùjìng de bózi shàng ná xià jiǔ gè tóugǔ, bǎ tāmen fàngchéng hé jiǔgōng wèi yíyàng de dìfāng. Bǎ zhège húlu fàng zài zhōngjiān. Jiǔ gè tóugǔ hé húlu jiù huì biànchéng yì zhī chuán, zhè zhī chuán kěyǐ dàizhe nǐmen guò Liú Shā Hé."

国。如果你跟他说你是和唐僧一起的，他会很高兴帮你们过河的。"

"但是，我不知道这些事。妖怪现在很怕我们。他在河底不出来。我们怎么能让他出来？"

观音叫了她的徒弟木叉，给了他一个红色的小葫芦[11]。"去流沙河，大声叫'悟净！'他会马上出来的。把他带到唐僧那里。然后从悟净的脖子上拿下九个头骨，把它们放成和九宫位一样的地方[12]。把这个葫芦放在中间。九个头骨和葫芦就会变成一只船，这只船可以带着你们过流沙河。"

---

[11] 葫芦　　　húlu – gourd
[12] The "positions of the Nine Palaces" refers to an 3x3 grid arrangement.

Mùchā hé Sūn Wùkōng huí dào le Liú Shā Hé. Mùchā zhàn zài shuǐshàng de yún zhōng, hǎn dào, "Wùjìng! Wùjìng! Shèng sēng yǐjīng zài zhèlǐ hěn cháng shíjiān le. Nǐ wèishénme hái méiyǒu jiào tā shīfu?"

Xiànzài, yāoguài hái zài hé dǐ. Tā hěn pà Sūn Wùkōng. Dànshì dāng tā tīngdào zìjǐ de míngzì shí, tā zhīdào shì Mùchā zài jiào tā. Tā bú hàipà le, cóng hé lǐ chūlái jiàn Mùchā. Tā xiàozhe shuō, "Qǐng yuánliàng wǒ méiyǒu zǎodiǎn lái jiàn nǐ! Guānyīn zài nǎlǐ?"

"Tā méiyǒu lái. Dànshì tā ràng wǒ gàosù nǐ mǎshàng chéngwéi Tángsēng de túdì. Wǒmen yào yòng nǐ bózi shàng de jiǔ gè tóugǔ hé zhège húlu lái zuò yì zhī chuán. Ránhòu, wǒmen yòng chuán bǎ Tángsēng dài dào zhè tiáo hé de lìng yìbiān."

"Zhège shèng sēng zài nǎlǐ?"

木叉和孙悟空回到了流沙河。木叉站在水上的云中，喊道，"悟净！悟净！圣僧[13]已经在这里很长时间了。你为什么还没有叫他师父？"

现在，妖怪还在河底。他很怕孙悟空。但是当他听到自己的名字时，他知道是木叉在叫他。他不害怕了，从河里出来见木叉。他笑着说，"请原谅我没有早点来见你！观音在哪里？"

"她没有来。但是她让我告诉你马上成为唐僧的徒弟。我们要用你脖子上的九个头骨和这个葫芦来做一只船。然后，我们用船把唐僧带到这条河的另一边。"

"这个圣僧在哪里？"

---

[13] 圣僧　shèng sēng – holy monks, also called Bodhisattvas. In Buddhism these are ones who have attained enlightenment but postpone their entry into Nirvana in order to help others also attain enlightenment.

Mùchā kànzhe hé biān, kàn dào le Zhū Bājiè. "Búshì tā ba?"

Jiào Wùjìng de yāoguài xiào le. "Nà zhī wúfǎwútiān de Zhū búshì shèng sēng. Tā yǐjīng hé wǒ dǎ le liǎng tiān le!"

Mùchā zàicì kànlekàn, zhǐzhe Sūn Wùkōng. "Hǎo ba, tā ne?"

Wùjìng shuō, "Nà shì zhū de bāngshǒu. Tā bǐ zhū hái yào huài. Wǒ bú huì zǒu jìn tāmen liǎng gè de!"

"Hǎo ba. Nà liǎng gè yídìng shì Tángsēng de túdì. Gēn wǒ lái, wǒmen huì zhǎodào nàge héshang de."

Wùjìng cóng shuǐ lǐ chūlái, dào le hé biān. Tāmen zǒu dào gèng gāo de dìfāng, kàndào le Tángsēng. Wùjìng xiàng Tángsēng jūgōng shuō, "Shīfu, zhège kělián de túdì yǒu yǎnjīng, dàn kàn bú

木叉看着河边，看到了猪八戒。"不是他吧？"

叫悟净的妖怪笑了。"那只无法无天的猪不是圣僧。他已经和我打了两天了！"

木叉再次看了看，指着孙悟空。"好吧，他呢？"

悟净说，"那是猪的帮手。他比猪还要坏。我不会走近他们两个的！"

"好吧。那两个一定是唐僧的徒弟。跟我来，我们会找到那个和尚的。"

悟净从水里出来，到了河边。他们走到更高的地方，看到了唐僧。悟净向唐僧鞠躬说，"师父，这个可怜的徒弟有眼睛，但看不

jiàn. Wǒ qiú nǐ yuánliàng wǒ, ràng wǒ chéngwéi nǐde túdì."

Zhū xiàng tāmen zǒu qù. "Nǐ zhège méiyǒu yòng de yāoguài! Xiànzài, nǐ yào zài wǒmen de shīfu miànqián jūgōng, dànshì nǐ hé wǒ zhàndòu le liǎng tiān. Nǐ duì zhège yǒu shénme yào shuō de?"

Sūn Wùkōng xiàozhe shuō, "Xiōngdì, bié duì tā dà hǎn dà jiào. Wǒmen wàng le gàosù tā, wǒmen hé Tángsēng yìqǐ qù xīyóu, dāngrán wǒmen yě méiyǒu gàosù tā wǒmen de míngzì. Suǒyǐ yāoguài bù zhīdào wǒmen shì shúi."

Tángsēng tóngyì Wùjìng wéi tāde zuìxīn hé zuì niánqīng de túdì. Tā gěi tā yígè míngzì jiào "Shā Sēng," gàosù tā mǎshàng zào yì zhī chuán. Shā Sēng cóng bózi shàng ná xià jiǔ gè tóugǔ, bǎ tāmen fàngchéng xiàng jiǔgōng de yàngzi. Ránhòu tā bǎ húlu fàng zài

见。我求你原谅我，让我成为你的徒弟。"

猪向他们走去。"你这个没有用的妖怪！现在，你要在我们的师父面前鞠躬，但是你和我战斗了两天。你对这个有什么要说的？"

孙悟空笑着说，"兄弟，别对他大喊大叫。我们忘了告诉他，我们和唐僧一起去西游，当然我们也没有告诉他我们的名字。所以妖怪不知道我们是谁。"

唐僧同意悟净为他的最新和最年轻的徒弟。他给他一个名字叫"沙僧，"告诉他马上造一只船。沙僧从脖子上拿下九个头骨，把它们放成像九宫的样子。然后他把葫芦放在

zhōngjiān, tāmen jiù biànchéng le yì zhī chuán.

Tángsēng shàng le chuán, zhàn zài chuán de zhōngjiān. Zhū Bājiè zài tāde zuǒbiān, Shā Sēng zài tā de yòubiān. Sūn Wùkōng zhàn zài chuán qián, dàizhe lóngmǎ. Mùchā zài chuán hòu, zhàn zài yún shàng. Jiù zhèyàng, tāmen xiàng jiàn yíyàng kuài de guò le hé. Fēng hěn ānjìng, héshuǐ yě hěn ānjìng, dànshì chuán hěnkuài jiù guòqù le.

Tāmen hěnkuài lái dào le hé de lìng yìbiān. Mùchā ná qǐ húlu, zhàn zài yún shàng fēi huí nánhǎi. Chuán biàn huí dào le jiǔ gè tóugǔ, ránhòu zhè jiǔ gè tóugǔ biànchéng le yān, bújiàn le. Tángsēng qízhe mǎ, tāmen dōu zàicì xiàng xīxíng.

中间,它们就变成了一只船。

唐僧上了船,站在船的中间。猪八戒在他的左边,沙僧在他的右边。孙悟空站在船前,带着龙马。木叉在船后,站在云上。就这样,他们像箭一样快地过了河。风很安静,河水也很安静,但是船很快就过去了。

他们很快来到了河的另一边。木叉拿起葫芦,站在云上飞回南海。船变回到了九个头骨,然后这九个头骨变成了烟,不见了。唐僧骑着马,他们都再次向西行。

他们像箭一样快地过了河。

Tāmen xiàng jiàn yīyàng kuài de guò le hé.

They traveled across the river as fast as an arrow.

Dì 23 Zhāng

Tāmen zǒu le hěnduō tiān, měitiān zǒng shì cóng zǎoshàng de tàiyáng zǒu dào wǎnshàng de tàiyáng. Jiù zhèyàng, tāmen zǒu le liǎng gè yuè. Xiànzài zhèng shì wǎnqiū. Shānshàng de shùmù biàn hóng le, niǎo er zài tiānkōng zhōng fēi xiàng nánfāng.

Yǒu yìtiān, xiàwǔ hěn wǎn le, Tángsēng wèn, "Jīn wǎn wǒmen yīnggāi zài nǎlǐ shuìjiào?"

Sūn Wùkōng huídá, "Shīfu, nín de huà bú tài duì. Wǒmen hěnjiǔ yǐqián jiù chūjiā le. Wǒmen zài fēng zhōng chīfàn, zài hé biān xiūxi, zài yuèguāng xià shuìjiào, zài hěn lěng de dìshàng xiūxi. Rènhé dìfāng dōu kěyǐ chéngwéi wǒmen de jiā. Nín wèishénme wèn wǒmen jīn wǎn zài nǎlǐ shuìjiào?"

Dànshì Zhū Bājiè yòu lèi yòu è, gǎnjué hěn bù shūfú. Tā shuō, "Gēge, wǒ tīngdào nǐ jiǎng de huà, wǒ xiǎng nǐ bú wèn biérén shìbúshì shūfu. Nǐ zǒng shì xiǎng jìxù xiàng xī zǒu. Dànshì xiǎng xiǎng wǒ! Wǒ měitiān dōu názhe wǒmen de xínglǐ, wǒ hěn

第 23 章

他们走了很多天,每天总是从早上的太阳走到晚上的太阳。就这样,他们走了两个月。现在正是晚秋。山上的树木变红了,鸟儿在天空中飞向南方。

有一天,下午很晚了,<u>唐僧</u>问,"今晚我们应该在哪里睡觉?"

<u>孙悟空</u>回答,"师父,您的话不太对。我们很久以前就出家了。我们在风中吃饭,在河边休息,在月光下睡觉,在很冷的地上休息。任何地方都可以成为我们的家。您为什么问我们今晚在哪里睡觉?"

但是<u>猪八戒</u>又累又饿,感觉很不舒服。他说,"哥哥,我听到你讲的话,我想你不问别人是不是舒服。你总是想继续向西走。但是想想我!我每天都拿着我们的行李,我很

lèi. Wǒ xiǎng yào zuò shīfu de túdì, dàn měitiān wǒ dōu zhǐshì yígè kǔlì, názhe nǐmen de xínglǐ. Jiù ràng wǒmen zhǎo yì jiàn piàoliang de fángzi, zài nàlǐ wǒmen kěyǐ hē xiē chá, chī xiē mǐfàn, ránhòu zài chuángshàng shuìjiào."

Sūn Wùkōng xiàozhe shuō, "Zhū, wǒ zhǐ guānxīn yí jiàn shì: Shīfu de ānquán, bāngzhù tā dào xītiān, ránhòu zài huílái. Nǐ hé Shā zhàogù hǎo xínglǐ, wǒ huì zhàogù hǎo shīfu de. Rúguǒ nǐ bú zuò hǎo nǐde shì, ràng nǐ shì shì wǒde bàng!"

"Qǐng búyào shuō yòng nǐde bàng dǎ wǒ," Zhū shuō. "Wǒ názhe hěn zhòng de xínglǐ, nǐ zhǐ názhe nǐde bàng. Zài kànkan nà mǎ, tā zhǐ dàizhe shīfu. Tā wèishénme bùnéng yě dài xiē xínglǐ?"

"Nà búshì mǎ. Nà shì xīhǎi lóngwáng Áorùn de érzi. Hěnjiǔ yǐqián, tā zài tā bàba de gōngdiàn lǐ fànghuǒ. Tā de bàba hěn shēngqì, xiǎng shā le tā. Dànshì Guānyīn zǔzhǐ le tā, ránhòu bǎ tāde érzi sòng dào Yīng Chóu Xī, děng Tángsēng de dào

累。我想要做师父的徒弟，但每天我都只是一个苦力，拿着你们的行李。就让我们找一间漂亮的房子，在那里我们可以喝些茶，吃些米饭，然后在床上睡觉。"

孙悟空笑着说，"猪，我只关心一件事：师父的安全，帮助他到西天，然后再回来。你和沙照顾好行李，我会照顾好师父的。如果你不做好你的事，让你试试我的棒！"

"请不要说用你的棒打我，"猪说。"我拿着很重的行李，你只拿着你的棒。再看看那马，他只带着师父。他为什么不能也带些行李？"

"那不是马。那是西海龙王敖闰的儿子。很久以前，他在他爸爸的宫殿里放火。他的爸爸很生气，想杀了他。但是观音阻止了他，然后把他的儿子送到鹰愁溪，等唐僧的到

lái. Dāng Tángsēng lái dào shí, tā cóng lóng biànchéng le mǎ, xiànzài tā zhèngzài bǎ shīfu dài dào xītiān qù. Tā jiù xiàng nǐ yíyàng, tā zài zǒuxiàng fó de lùshàng, nǐ bù yīnggāi gěi tā zhǎo máfan."

Dànshì, wèi le hǎowán, Sūn Wùkōng ná chū tāde bàng, dǎ zài mǎ pìgu shàng. Nà mǎ pǎo kāi le, pǎo dào shānshàng, Tángsēng jǐnjǐn de zhuāzhù mǎ. Guò le yīhuǐ'er, mǎ tíng le xiàlái. Tángsēng dītóu kànlekàn, kàndào sēnlín zhōng de jǐ dòng fángzi.

Qítā sān gè rén yě lái le, tāmen dōu dītóu kànzhe fángzi. "Kàn," Tángsēng shuō, "nàlǐ yǒu yí dòng dà fángzi. Wǒmen jīn wǎn kěnéng kěyǐ zhù zài nàlǐ."

Sūn Wùkōng kànzhe cūnzi, ránhòu tā táitóu kàn kàn tiānkōng, kàndào cūnzi shàngkōng yǒu qíguài de yún. Tā mǎshàng jiù zhīdào zhèshì shén zhù de dìfāng, dàn tā méiyǒu duì Tángsēng huò qítā rén shuō.

Tāmen zǒu xià shānlù, lái dào le fángzi de dàmén qián. Dàmén

来。当唐僧来到时，他从龙变成了马，现在他正在把师父带到西天去。他就像你一样，他在走向佛的路上，你不应该给他找麻烦。"

但是，为了好玩，孙悟空拿出他的棒，打在马屁股上。那马跑开了，跑到山上，唐僧紧紧地抓住马。过了一会儿，马停了下来。唐僧低头看了看，看到森林中的几栋房子。

其他三个人也来了，他们都低头看着房子。"看，"唐僧说，"那里有一栋大房子。我们今晚可能可以住在那里。"

孙悟空看着村子，然后他抬头看看天空，看到村子上空有奇怪的云。他马上就知道这是神住的地方，但他没有对唐僧或其他人说。

他们走下山路，来到了房子的大门前。大门

fēicháng piàoliang, Shā Sēng shuō, "Zhèlǐ yídìng shì yǒuqián rén de jiā. "

Sūn Wùkōng kāishǐ xiàng fáng lǐ zǒu qù, dàn Tángsēng zǔzhǐ le tā, shuō, "Bù. Wǒmen shì héshang, wǒmen bù yīnggāi jiù zhèyàng zǒu jìn biérén de jiā. Wǒmen yīnggāi děng tāmen qǐng wǒmen shí zài jìnqù." Suǒyǐ tāmen sì gè rén zuò xiàlái děngzhe. Tāmen děng le hěn cháng shíjiān. Zhōngyú, Sūn Wùkōng bùnéng zài děng le. Tā zhàn qǐlái, jìn le dà mén.

Zài lǐmiàn, tā kàndào le sān gè dàdiàn. Tā zǒu jìn zhōngjiān de dàdiàn, kàndào yì zhāng zhuōzi hé liù bǎ yǐzi. Dāng tā zhèngzài kàn de shíhòu, tā tīngdào zài tā shēnhòu yǒu yígè nǚrén de shēngyīn, shuō, "Nǐ shì shúi, shúi ràng nǐ jìnlái de, nǐ jìn le fùrén de jiā?"

Sūn Wùkōng hěn chījīng, dàn zhǐnéng shuō, "Zhè wèi kělián de héshang láizì dōngfāng de Tángguó. Tā zhèng xiàng xīxíng qù zhǎo fó shū. Wǒmen yígòng yǒu sì gè rén. Xiànzài kuài dào wǎnshàng le, wǒmen

非常漂亮,沙僧说,"这里一定是有钱人的家。"

孙悟空开始向房里走去,但唐僧阻止了他,说,"不。我们是和尚,我们不应该就这样走进别人的家。我们应该等他们请我们时再进去。"所以他们四个人坐下来等着。他们等了很长时间。终于,孙悟空不能再等了。他站起来,进了大门。

在里面,他看到了三个大殿。他走进中间的大殿,看到一张桌子和六把椅子。当他正在看的时后,他听到在他身后有一个女人的声音,说,"你是谁,谁让你进来的,你进了妇人的家?"

孙悟空很吃惊,但只能说,"这位可怜的和尚来自东方的唐国。他正向西行去找佛书。我们一共有四个人。现在快到晚上了,我们

zhǎodào le guì jiā. Wǒmen xiǎng qǐng nǐ jīn wǎn gěi wǒmen yígè shuìjiào de dìfāng."

Nǔrén xiàozhe shuō, "Nǐde sān gè péngyǒu zài nǎlǐ? Qǐng ràng tāmen jìnlái." Sūn Wùkōng jiào le qítā sān rén. Shā Sēng bǎ mǎ liú zài wàimiàn, ránhòu tāmen dōu jìn le dàdiàn. Zhū Bājiè názhe xínglǐ.

Zhège nǔrén hěn piàoliang. Suīrán tā yǐjīng shì zhōng nián le, dàn tā kàn qǐlái xiàng hěn niánqīng de nǔrén. Zhū yòng hěn è de yǎnjīng kànzhe tā.

Nàge nǔrén qǐng sì gè xíngrén zuò xià. Yígè nǔhái púrén jìnlái, gěi tāmen báiyù bēi hē chá. Kōngqì zhòng dōu shì chá de xiāngqì. Nǔrén gàosù nǔhái púrén wèi xíngrén zhǔnbèi yìxiē sù shí.

"Qīn'ài de fùrén," Tángsēng shuō, "nín guìxìng?"

找到了贵家。我们想请你今晚给我们一个睡觉的地方。"

女人笑着说,"你的三个朋友在哪里?请让他们进来。"孙悟空叫了其他三人。沙僧把马留在外面,然后他们都进了大殿。猪八戒拿着行李。

这个女人很漂亮。虽然她已经是中年了,但她看起来像很年轻的女人。猪用很饿的眼睛看着她。

那个女人请四个行人坐下。一个女孩仆人进来,给他们白玉杯喝茶。空气中都是茶的香气。女人告诉女孩仆人为行人准备一些素食。

"亲爱的妇人[14],"唐僧说,"您贵姓?"

---

[14] 妇人　　fùrén – a lady

那个女人请四个行人坐下。

Nàgè nǚrén qǐng sì gè xíngrén zuò xià.

The woman invited the four travelers to sit down.

Tā huídá shuō, "Wǒ xìng Jiǎ, wǒ zhàngfu xìng Mò. Tā de fùmǔ sǐ le, wǒde zhàngfu jìchéng le tāmen liú xià de dōngxi. Tā jìchéng le yí wàn kuài jīn yín, hái yǒu hěnduō hěnduō de hǎo tǔdì. Wǒmen méiyǒu érzi, zhǐyǒu sān gè nǚ'ér. Liǎng nián qián, wǒ zhàngfu sǐ le, xiànzài zhǐyǒu wǒmen sì gè rén le, wǒmen méiyǒu qīnqi, yě méiyǒu rén kěyǐ jìchéng wǒmen de dōngxi. Zài zhèlǐ zhǐyǒu wǒmen zhè jǐ gè rén, dànshì xiànzài wǒmen hěn gāoxìng kàndào le nǐmen sì gè rén. Wǒmen fēicháng xiǎng qǐng nǐmen hé wǒmen jiéhūn. Wǒ bù zhīdào nǐ zěnme xiǎng de!"

Tángsēng tīngdào le zhèxiē huà, tā gǎndào fēicháng chījīng, ràng tā bù zhīdào yīnggāi shuō xiē shénme. Suǒyǐ tā zhǐshì zuòzhe, shénme yě méi shuō.

Jiǎ fùrén jìxù shuō, "Qǐng zài xiǎng yíxià. Wǒmen yǒu jǐ bǎi

她回答说,"我姓贾,我丈夫姓莫。他的父母死了,我的丈夫继承[15]了他们留下的东西。他继承了一万块金银,还有很多很多的好土地。我们没有儿子,只有三个女儿。两年前,我丈夫死了,现在只有我们四个人了,我们没有亲戚,也没有人可以继承我们的东西。在这里只有我们这几个人,但是现在我们很高兴看到了你们四个人。我们非常想请你们和我们结婚。我不知道你怎么想的!"

唐僧听到了这些话,他感到非常吃惊,让他不知道应该说些什么。所以他只是坐着,什么也没说。

贾妇人继续说,"请再想一下。我们有几百

---

[15] 继承　　jìchéng – to inherit

zhī yáng, zhū hé mǎ, wǒmen de shíwù bā nián dōu chī bù wán, wǒmen yǒu ràng nǐmen yòng bù wán de huángjīn hé báiyín, érqiě wǒmen yǒu shūfu de sīchóu.

"Wǒ xiànzài sìshíwǔ suì. Wǒde dà nǚ'ér Zhēn Zhēn jīnnián èrshí suì. Wǒde dì èr gè nǚ'ér Ài Ài jīnnián shíbā suì. Wǒ zuìxiǎo de nǚ'ér Lián Lián jīnnián shíliù suì. Búcuò, wǒ méishénme kě kàn de, dàn wǒde nǚ'ér měi gè rén dōu hěn kě'ài. Měi gè rén dōu xuéxíguò zuò yígè qīzi xūyào zhīdào de shì, zěnme zhàogù yígè jiā hé zěnyàng ràng zhàngfu kāixīn. Rúguǒ nǐmen sì gè yuànyì wàngjì nǐmen de xīyóu, nàme nǐmen kěyǐ chéngwéi zhè fángzi de zhǔrén. Huángjīn hé sīchóu búshì bǐ cǎo hé tǔ gèng hǎo ma? Zài rè chuángshàng shuìjiào búshì bǐ zài lěng de dìshàng shuìjiào hǎo ma?"

Tángsēng zuò zài yǐzi shàng, jiù xiàng yígè bèi léidiàn dǎ dào de hái

只羊、猪和马,我们的食物八年都吃不完,我们有让你们用不完的黄金和白银,而且我们有舒服的丝绸[16]。

"我现在四十五岁。我的大女儿真真今年二十岁。我的第二个女儿爱爱今年十八岁。我最小的女儿怜怜[17]今年十六岁。不错,我没什么可看的,但我的女儿每个人都很可爱。每个人都学习过做一个妻子需要知道的事,怎么照顾一个家和怎样让丈夫开心。如果你们四个愿意忘记你们的西游,那么你们可以成为这房子的主人。黄金和丝绸不是比草和土更好吗?在热床上睡觉不是比在冷的地上睡觉好吗?"

唐僧坐在椅子上,就像一个被雷电打到的孩

---

16 丝绸　　　sīchóu – silk sheets
17 The three daughters are named 真真 (Zhēn Zhēn), 爱爱 (Ài Ài) and 怜怜 (Lián Lián). Taken together, 真爱怜 means "truly worthy of love and sympathy."

zi. Yǎnjīng xiàngshàng fānzhe, jīhū dǎo le xiàlái. Dànshì Zhū Bājiè zài tīngdào nà cáifù, kàndào nà měilì shí, ràng tā xīnlǐ dōu shì yùwàng, tā méiyǒu bànfǎ zuò xiàlái. Tā tiào qǐlái duì Tángsēng shuō, "Shīfu! Nǐ méi tīngdào zhège nǚrén zài shuō shénme ma?"

Tángsēng kànzhe tā, shēngqì de dà hǎn, "Nǐ zhège dòngwù! Nǐ zěnme néng wàngjì zìjǐ shì shúi? Wǒmen shì chūjiārén. Wǒmen zěnme néng duì cáifù hé měilì dòngxīn ne?"

"A, hěn duìbùqǐ, wǒ ràng nǐ nánguò le," Jiǎ fūrén shuō. "Gàosù wǒ, chūjiā yǒu shénme hǎo?"

Tángsēng mǎshàng shuō, "Hǎo ba, gàosù wǒ, zài jiā lǐ yǒu shénme hǎo?"

"Ràng wǒ gàosù nǐ," tā xiàozhe shuō. "Chūntiān lái de shíhòu, wǒmen chuān shàng piàoliang de xīn sī yī. Xiàtiān, wǒmen huàn

子。眼睛向上翻着，几乎倒了下来。但是猪八戒在听到那财富，看到那美丽时，让他心里都是欲望[18]，他没有办法坐下来。他跳起来对唐僧说，"师父！你没听到这个女人在说什么吗？"

唐僧看着他，生气地大喊，"你这个动物！你怎么能忘记自己是谁？我们是出家人。我们怎么能对财富和美丽动心呢？"

"啊，很对不起，我让你难过了，"贾妇人说。"告诉我，出家有什么好？"

唐僧马上说，"好吧，告诉我，在家里有什么好？"

"让我告诉你，"她笑着说。"春天来的时候，我们穿上漂亮的新丝衣。夏天，我们换

---

18 欲望　　yùwàng – desire

shàng qīng de sī yī. Qiūtiān, wǒmen hē mǐjiǔ. Hěn lěng de dōngtiān, wǒmen de fángjiān hěn rè, yīnwèi hējiǔ ràng wǒmen de liǎn shàng fāguāng. Wǒmen yǒu hǎochī de sìjì shuǐguǒ. Wǒmen chuángshàng shūfu de sīchóu huì ràng nǐmen wàngjì héshang tòngkǔ shēnghuó."

Tángsēng huídá, "Fùrén, wǒ xiāngxìn wǒde shēnghuó bǐ nǐde shēnghuó yàohǎo hěnduō. Shìde, nàxiē liú zài jiālǐ de rén yǒuzhe cáifù hé shūshì de shēnghuó, hái yǒu háizi zài tāmen de shēnbiān. Nàshì měihǎo de shēnghuó. Dànshì héshang de shēnghuó yěshì měihǎo de. Wǒ búyòng dānxīn, wǒde shēntǐ lǐ yīn hé yáng yíyàng duō. Dāng wǒde shēngmìng jiéshù de shíhòu, wǒ huì yòng xīnlǐ de gǎnwù qù miànduì wǒ shēngmìng de jiéshù, huí dào tiāngōng zhōng de jiā. Nǐ zhǐ guānxīn zìjǐ měilì de shēntǐ, dànshì shēntǐ hěnkuài huì biàn dé yòu lǎo yòu chǒu de!"

Jiǎ fùrén tīngdào zhè hòu shēngqì le, shuō, "Nǐ zěnme gǎn duì

上轻的丝衣。秋天，我们喝米酒。很冷的冬天，我们的房间很热，因为喝酒让我们的脸上发光。我们有好吃的四季水果。我们床上舒服的丝绸会让你们忘记和尚痛苦生活。"

唐僧回答，"妇人，我相信我的生活比你的生活要好很多。是的，那些留在家里的人有着财富和舒适的生活，还有孩子在他们的身边。那是美好的生活。但是和尚的生活也是美好的。我不用担心，我的身体里阴[19]和阳[20]一样多。当我的生命结束的时侯，我会用心里的感悟去面对我生命的结束，回到天宫中的家。你只关心自己美丽的身体，但是身体很快会变得又老又丑的！"

贾妇人听到这后生气了，说，"你怎么敢对

---

[19] 阴　　yīn – the feminine principle in Daoism
[20] 阳　　yáng – the masculine principle in Daoism

wǒ shuō zhèxiē huà! Wǒ xiǎng gěi nǐ yígè shūshì de jiā hé měihǎo de shēnghuó, dàn nǐ bù gǎnxiè wǒ, érshì yòng huà lái shānghài wǒ. Rúguǒ nǐ hái xiǎng dāng héshang, nà méiguānxì. Dànshì nǐde túdì ne? Tāmen zhōng yǒurén huì yuànyì hé wǒmen jiéhūn, liú zài zhèlǐ ma?"

Tángsēng xiǎng le yíxià, ránhòu zhuǎnxiàng Sūn Wùkōng shuō, "Wùkōng, nǐ xiǎng liú zài zhèlǐ ma?"

"Bù, shīfu," tā huídá. "Wǒ duì zhèxiē shì dōu bù qīngchǔ. Kěnéng Zhū dìdi huì xiǎng liú xiàlái."

Zhū Bājiè shuō, "Gēge, bié zhèyàng hé wǒ wán!" Ránhòu suǒyǒu rén dōu kànzhe Shā Sēng.

Shā Sēng shuō, "Shīfu, wǒ děng le nín hěnduō nián le. Xiànzài wǒ hé nín zài yìqǐ zhǐyǒu liǎng gè yuè, qǐng búyào bǎ wǒ sòng zǒu. Wǒ jiùshì sǐ yě huì hé nǐ yìqǐ qù xītiān de!"

Suǒyǒu de túdì jiǎng wán hòu, Jiǎ fūrén zhuǎn shēn zǒuchū fángjiān,

我说这些话！我想给你一个舒适的家和美好的生活，但你不感谢我，而是用话来伤害我。如果你还想当和尚，那没关系。但是你的徒弟呢？他们中有人会愿意和我们结婚，留在这里吗？"

唐僧想了一下，然后转向孙悟空说，"悟空，你想留在这里吗？"

"不，师父，"他回答。"我对这些事都不清楚。可能猪弟弟会想留下来。"

猪八戒说，"哥哥，别这样和我玩！"然后所有人都看着沙僧。

沙僧说，"师父，我等了您很多年了。现在我和您在一起只有两个月，请不要把我送走。我就是死也会和你一起去西天的！"

所有的徒弟讲完后，贾妇人转身走出房间，

贾妇人转身走出房间。

Jiǎ fùrén zhuǎn shēn zǒuchū fángjiān.

Lady Jia turned and walked out of the room.

zhǐyǒu Tángsēng hé túdìmen zài fángjiān lǐ. Tāmen zài nàlǐ zuò le yīhuǐ'er, dàn méi rén chūlái gěi tāmen sòng chá.

"Kàn kàn nǐ zuò le shénme!" Zhū shuō. "Nǐ shānghài le nàge hǎo nǚrén. Xiànzài tā zǒu le, mén guānshàng le, méi rén huì zàilái le. Wǒmen bú huì zài yǒu shíwù le, jīn wǎn wǒmen méiyǒu dìfāng shuìjiào le."

"Dìdi, nǐ wèishénme bù liú zài zhèlǐ jiéhūn?" Sūn Wùkōng wèn. "Nǐ kěyǐ hé tāmen zhōng de yígè nǚhái jiéhūn. Tāde jiārén huì chéngwéi wǒmen de jiārén. Huì yǒu yígè jiéhūn dà yàn. Wǒmen dōu kěyǐ xiǎng chī duōshǎo jiù chī duōshǎo, érqiě wǒmen dōu kěyǐ zài zhèlǐ zhù jǐ tiān. Ránhòu wǒmen huì líkāi, dàn nǐ kěyǐ liú xià, nǐ yìshēng dōuhuì yǒu shūshì de shēnghuó."

Zhū huídá, "Xièxie nǐ, gēge, dànshì wǒ yǐjīng fàngqì le nà zhǒng shēnghuó. Wǒ wèishénme yào fàngqì yígè qīzi zhǐshì wèi le lìng yígè qīzi? Dànshì wǒ bìxū gàosù nǐ, wǒ è

只有唐僧和徒弟们在房间里。他们在那里坐了一会儿,但没人出来给他们送茶。

"看看你做了什么!"猪说。"你伤害了那个好女人。现在她走了,门关上了,没人会再来了。我们不会再有食物了,今晚我们没有地方睡觉了。"

"弟弟,你为什么不留在这里结婚?"孙悟空问。"你可以和他们中的一个女孩结婚。她的家人会成为我们的家人。会有一个结婚大宴。我们都可以想吃多少就吃多少,而且我们都可以在这里住几天。然后我们会离开,但你可以留下,你一生都会有舒适的生活。"

猪回答,"谢谢你,哥哥,但是我已经放弃了那种生活。我为什么要放弃一个妻子只是为了另一个妻子?但是我必须告诉你,我饿

le, jīn wǎn wǒ yào chī yí dùn hǎo fàn. Érqiě, xiǎng xiǎng wǒmen de mǎ. Tā yìtiān dōu méiyǒu chī dōngxi le. Rúguǒ wǒmen bú wèi tā shíwù, tā míngtiān huì méiyǒu bànfǎ dàizhe shīfu." Shuō le zhèxiē hòu, Zhū zǒuchū le dàdiàn, dào le wàimiàn.

Sūn Wùkōng děng le jǐ fēnzhōng, ránhòu yě zǒu le chūqù. Tā zài xiǎng Zhū shuōdehuà. Suǒyǐ, tā biànchéng le fēi chóng, zhèyàng tā jiù kěyǐ kànzhe Zhū, dàn Zhū kàn bújiàn tā.

Zhū xiàng mǎ zǒu qù. Tā bǎ mǎ fàng le chūlái, ránhòu zài mǎ de ěr biān dà hǎn. Nà mǎ xiàhuài le, pǎo xiàng fángzi de hòumiàn. Jiǎ fùrén zhàn zài nà'er. Zhū gēnzhe mǎ zǒu jìn tā.

"Niánqīng de héshang," tā shuō, "nǐ yào qù nǎlǐ?"

"Nǐ hǎo!" tā shuō. "Wǒ zhǐshì zài zhè měilì de yèwǎn lǐ zǒu zǒu, yě zài fàng wǒde mǎ."

"Wǒ rènwéi nǐde zhǔrén hěn bèn. Tā wèishénme bùxiǎng liú zài zhèlǐ jiéhūn?"

了,今晚我要吃一顿好饭。而且,想想我们的马。他一天都没有吃东西了。如果我们不喂他食物,他明天会没有办法带着师父。"说了这些后,猪走出了大殿,到了外面。

孙悟空等了几分钟,然后也走了出去。他在想猪说的话。所以,他变成了飞虫,这样他就可以看着猪,但猪看不见他。

猪向马走去。他把马放了出来,然后在马的耳边大喊。那马吓坏了,跑向房子的后面。贾妇人站在那儿。猪跟着马走近她。

"年轻的和尚,"她说,"你要去哪里?"

"你好!"他说。"我只是在这美丽的夜晚里走走,也在放我的马。"

"我认为你的主人很笨。他为什么不想留在这里结婚?"

"Māma, wǒmen dōu pà Táng huángdì. Tā ràng wǒmen qù xītiān. Suīrán wǒ xiǎng liú zài zhèlǐ, dàn wǒ dānxīn nǐde nǚ'ér huì juédé wǒ tài chǒu, bùxiǎng hé wǒ jiéhūn."

"Wǒmen zhèlǐ méiyǒu nánrén, suǒyǐ yǒu yígè chǒu nánrén yídìng bǐ méiyǒu nánrén gèng hǎo. Dànshì wǒ tóngyì, wǒde nǚ'ér xiǎngdào yào hé zhū jiéhūn kěnéng huì bù gāoxìng de."

"Qǐng gàosù nǐde nǚ'érmen búyào nàyàng xiǎng. Shìde, wǒ kěnéng yǒudiǎn chǒu, dànshì wǒ kěyǐ fēicháng nǔlì de gōngzuò. Yòng wǒde bàzi, wǒ kěyǐ hěn kuài de zhǔnbèi tǔdì zhòng dì. Rúguǒ méiyǒu yǔ, wǒ kěyǐ zào yǔ. Rúguǒ méiyǒu fēng, wǒ kěyǐ zào fēng. Rúguǒ xiǎng yào fángzi gèng gāo, wǒ kěyǐ bǎ tā biàn gāo. Wǒ kěyǐ zuò suǒyǒu nǐ xiǎng yào de gōngzuò."

"Tīng qǐlái hěnhǎo. Wǒ xiǎng qǐng nǐ liú xiàlái. Dànshì nǐ bì

"妈妈,我们都怕唐皇帝。他让我们去西天。虽然我想留在这里,但我担心你的女儿会觉得我太丑,不想和我结婚。"

"我们这里没有男人,所以有一个丑男人一定比没有男人更好。但是我同意,我的女儿想到要和猪结婚可能会不高兴的。"

"请告诉你的女儿们不要那样想。是的,我可能有点丑,但是我可以非常努力地工作。用我的耙子,我可以很快地准备土地种地[21]。如果没有雨,我可以造雨。如果没有风,我可以造风。如果想要房子更高,我可以把它变高。我可以做所有你想要的工作。"

"听起来很好。我想请你留下来。但是你必

---

[21] 种地　　zhòng dì – farming

xū xiān wèn wèn nǐde shīfu."

"Wǒ bú huì nàme zuò. Tā búshì wǒde bàba. Wǒ zìjǐ juédìng liú huò bù liú, búshì tā!"

"Hǎo ba. Nàme ràng wǒ hé wǒde nǚ'érmen tán tán." Jiǎ fùrén zǒu jìn wūzi.

Zhèshí, Sūn Wùkōng háishì yì zhī chóng, hái zuò zài fùjìn de yì kē shù shàng. Tā tīngdào le zhè cì tánhuà de měi jù huà. Tā fēi huí dào Tángsēng nàlǐ, biàn huí dào tā zìjǐ de yàngzi, bǎ Zhū hé Jiǎ fùrén shuō de suǒyǒu de huà dōu gàosù le Tángsēng. Tángsēng tīngzhe zhè gùshi, dànshì tā bù zhīdào zhè shìbúshì zhēnde.

Hòulái, Zhū huílái le. Tángsēng wèn tā, "Nǐ gěi mǎ chī cǎo le ma?"

"Méiyǒu," Zhū huídá, "zhèlǐ méiyǒu hǎo cǎo gěi mǎ chī."

须先问问你的师父。"

"我不会那么做。他不是我的爸爸。我自己决定留或不留,不是他!"

"好吧。那么让我和我的女儿们谈谈。"贾妇人走进屋子。

这时,孙悟空还是一只虫,还坐在附近的一棵树上。他听到了这次谈话的每句话。他飞回到唐僧那里,变回到他自己的样子,把猪和贾妇人说的所有的话都告诉了唐僧。唐僧听着这故事,但是他不知道这是不是真的。

后来,猪回来了。唐僧问他,"你给马吃草了吗?"

"没有,"猪回答,"这里没有好草给马吃。"

Sūn Wùkōng kànzhe tā shuō, "Shìde, zhèlǐ méiyǒu fàng mǎ de dìfāng. Dàn zhè shì yígè dài mǎ zǒu zǒu de hǎo dìfāng."

Dāng Zhū tīngdào zhège shí, tā zhīdào Sūn Wùkōng yǐjīng shénme dōu zhīdào le. Tā zhǐshì dītóu kànzhe dìmiàn, shénme yě méi shuō. Dànshì jiù zài nà shí, tāmen dōu tīngdào le mén dǎkāi de shēngyīn. Liǎng gè púrén zǒu chūlái shǒu lǐ názhe hóng dēnglóng. Jiǎ fūrén hé tāde sān gè nǚ'ér gēn zài hòumiàn. Nǚ'érmen dōu xiàng xíngrén jūgōng.

Jiǎ fūrén hé yǐqián yíyàng měilì, dàn tāde sān gè nǚ'ér bǐ xíngrén yǐqián jiànguò de rènhé nǚhái dōu měilì. Tāmen dōu chuānzhe jīnsè cháng yī. Tāmen cháng cháng de hēi fà shàng dàizhe hěnduō piàoliang de yù hé zhēnzhū. Tāmen tài měilì le, kàn qǐlái jiù xiàng shì cóng tiānshàng xiàlái de xiānnǚ. Tángsēng bù gǎn kàn tāmen, suǒyǐ tā zhǐshì dītóu kànzhe dìmiàn. Sūn Wùkōng kàn le, dàn shuō

孙悟空看着他说，"是的，这里没有放马的地方。但这是一个带马走走的好地方[22]。"

当猪听到这个时，他知道孙悟空已经什么都知道了。他只是低头看着地面，什么也没说。但是就在那时，他们都听到了门打开的声音。两个仆人走出来手里拿着红灯笼[23]。贾妇人和她的三个女儿跟在后面。女儿们都向行人鞠躬。

贾妇人和以前一样美丽，但她的三个女儿比行人以前见过的任何女孩都美丽。她们都穿着金色长衣。她们长长的黑发上戴着很多漂亮的玉和珍珠。她们太美丽了，看起来就像是从天上下来的仙女。唐僧不敢看她们，所以他只是低头看着地面。孙悟空看了，但说

---

[22] 带马走走 (dài mǎ zǒu zǒu) means "to lead a horse." The original novel uses 牵 (qiān), an archaic word for "lead", and 牵马走走 (qiān mǎ zǒu zǒu) means "arranging a marriage."
[23] 灯笼　　dēnglóng – lantern

贾妇人和她的三个女儿跟在后面。

Jiǎ fùrén hé tā de sān gè nǚ'ér gēn zài hòumiàn.

Following them was Lady Jia and her three daughters.

bù shuō huà. Shā Sēng zhuǎnguò shēn. Zhǐyǒu Zhū kànzhe tāmen. Tāde yǎnjīng zhāng dé dàdà de, tā xīnlǐ dōushì yùwàng, ràng tā dōu zhàn bù qǐlái le. Tā qīngshēng shuō, "Māma, wǒmen hěn gāoxìng jiàn dào zhème měilì de xiānnǚ. Xiànzài, qǐng zhèxiē qīn'ài de nǚ'érmen líkāi."

Nǚháimen chūqù le, dàn tāmen bǎ liǎng gè hóng dēnglóng liú le xiàlái. Jiǎ fùrén shuō, "Zěnmeyàng, nǐmen juédìng shúi hé shúi jiéhūn?"

Shā Sēng shuō, "Wǒmen yǐjīng tánguò zhège shì, wǒmen juédìng Zhū Bājiè jìn nǐ guì jiā."

Zhū jǔ qǐ shuāngshǒu shuō, "Bù, wǒ bùnéng nàyàng zuò." Dànshì Sūn Wùkōng mà tā, shuō, "Méishénme kěshuōde le! Wǒ tīngdào nǐ hé Jiǎ fùrén zài hòumén shuōdehuà. Nǐ jiào tā 'māma.' Wǒmen jīntiān yīnggāi jǔxíng jiéhūn dà yàn. Xiànzài guòlái xiàng shīfu jūgōng. Ránhòu nǐ jiù kěyǐ jiéhūn, guò nǐ xiǎng yào de shūshì shēnghuó."

不说话。沙僧转过身。只有猪看着她们。他的眼睛张得大大的，他心里都是欲望，让他都站不起来了。他轻声说，"妈妈，我们很高兴见到这么美丽的仙女。现在，请这些亲爱的女儿们离开。"

女孩们出去了，但他们把两个红灯笼留了下来。贾妇人说，"怎么样，你们决定谁和谁结婚？"

沙僧说，"我们已经谈过这个事，我们决定猪八戒进你贵家。"

猪举起双手说，"不，我不能那样做。"但是孙悟空骂他，说，"没什么可说的了！我听到你和贾妇人在后门说的话。你叫她'妈妈。'我们今天应该举行结婚大宴。现在过来向师父鞠躬。然后你就可以结婚，过你想要的舒适生活。"

"Bù!" Zhū zàicì hǎn dào. "Wǒ bú huì zhèyàng zuò!"

"Dāngrán, nǐ huì zhèyàng zuò. Nǐ yǐjīng jiào Jiǎ fūrén wéi 'māma'. Suǒyǐ, wǒmen dōu zhīdào nǐ xiǎng zhèyàng zuò. Xiànzài búyào zàishuō le. Ràng wǒmen kāishǐ jiéhūn dà yàn ba. Nǐ yuè zǎo jiéhūn, wǒmen dàjiā jiù kěyǐ yuè zǎo chī dào měishí, hē dào měijiǔ."

Ránhòu Sūn Wùkōng zhuāzhù Zhū de shǒubì, bǎ tā lā xiàng Jiǎ fūrén. "Māma, bǎ tā dài jìnqù," tā duì tā shuō. Jiǎ fūrén zǒu jìn fángzi, Zhū gēnzhe tā. Tā duì yígè púrén shuō, "Wèi wǒmen de kèrén ná yìxiē zhuōzi hé yǐzi, wèi tāmen zhǔnbèi yí dùn sùshí. Wǒ huì bǎ wǒmen de xīn zhǔrén dài jìn lǐmiàn."

Zhū hé Jiǎ zǒu rù fángzi, jīngguò le xǔduō fángjiān. Zhū zhāngdà yǎnjīng zuǒyòu kànzhe. "Māma," tā shuō, "qǐng zǒu dé gèng màn yìdiǎn. Wǒ gāng dào zhèlǐ, bù zhīdào zhè fángzi. Zhè fángzi tài dà le!"

"不!"猪再次喊道。"我不会这样做!"

"当然,你会这样做。你已经叫贾妇人为'妈妈'。所以,我们都知道你想这样做。现在不要再说了。让我们开始结婚大宴吧。你越早结婚,我们大家就可以越早吃到美食,喝到美酒。"

然后孙悟空抓住猪的手臂,把他拉向贾妇人。"妈妈,把他带进去,"他对她说。贾妇人走进房子,猪跟着她。她对一个仆人说,"为我们的客人拿一些桌子和椅子,为他们准备一顿素食。我会把我们的新主人带进里面。"

猪和贾走入房子,经过了许多房间。猪张大眼睛左右看着。"妈妈,"他说,"请走得更慢一点。我刚到这里,不知道这房子。这房子太大了!"

"Shìde," tā huídá shuō, "zhèxiē fángjiān lǐ yǒu wǒmen suǒyǒu de huángjīn, báiyín, shíwù, guìzhòng de yīfu hé qítā dōngxi. Jìxù zǒu, wǒmen yào dào chúfáng le."

Ránhòu tā yòu shuō, "Nǐ zhīdào ma, wǒmen zhème kuài de zhǔnbèi jiéhūn, ràng wǒmen wàngjì le yìxiē zhòngyào de shìqing. Xiànzài, nǐ yào xiàng tiānkōng jūgōng bā cì."

"Dāngrán," Zhū shuō. "Nǐ shì duìde. Qǐng zuò xià. Wǒ huì xiàng nǐ jūgōng, zhè shì wǒ duì tiāndì de gǎnxiè. Yěshì wǒ duì nǐ de gǎnxiè." Jiǎ fūrén gǎndào hěn gāoxìng, tā zuò xiàlái děngzhe Zhū xiàng tā jūgōng.

Jūgōng hòu, Zhū wèn, "Qǐng gàosù wǒ, nǐ dǎsuàn gěi wǒ nǎge nǚ'ér?"

"Zhège ma," tā huídá shuō, "shì yígè yǒudiǎn nán de wèntí. Wǒ xiǎng gěi nǐ dà nǚ'ér, dàn zhè kěnéng huì ràng dì èr gè nǚ'ér bù gāoxìng. Rúguǒ wǒ gěi nǐ dì èr gè nǚ'ér, nà

"是的，"她回答说，"这些房间里有我们所有的黄金，白银，食物，贵重的衣服和其他东西。继续走，我们要到厨房了。"

然后她又说，"你知道吗，我们这么快地准备结婚，让我们忘记了一些重要的事情。现在，你要向天空鞠躬八次。"

"当然，"猪说。"你是对的。请坐下。我会向你鞠躬，这是我对天地的感谢。也是我对你的感谢。"贾妇人感到很高兴，她坐下来等着猪向她鞠躬。

鞠躬后，猪问，"请告诉我，你打算给我哪个女儿？"

"这个吗，"她回答说，"是一个有点难的问题。我想给你大女儿，但这可能会让第二个女儿不高兴。如果我给你第二个女儿，那

kěnéng huì ràng zuìxiǎo de nǚ'ér bù kāixīn. Dànshì, rúguǒ wǒ gěi nǐ zuìxiǎo de nǚ'ér, nà kěnéng huì ràng dà nǚ'ér bù gāoxìng. Suǒyǐ wǒ méiyǒu bànfǎ juédìng."

"Wǒ yǒu bànfǎ jiějué zhège wèntí. Jiù bǎ sān gè nǚ'ér dōu gěi wǒ. Nàyàng, nǐde jiālǐ jiù búhuì yǒu wèntí le."

"Shénme? Wǒde sān gè nǚ'ér nǐ dōu yào?"

"Zhè yìdiǎn dōu bù qíguài. Xiànzài měi gè rén dōu yǒu sān gè huò sì gè nǚpéngyǒu. Hé nǐde sān gè nǚ'ér jiéhūn duì wǒ lái shuō yìdiǎn dōu búshì wèntí. Wǒ yídìng huì ràng tāmen dōu hěn gāoxìng!"

"Bùnéng zhème zuò, zhū. Wǒ búhuì gěi nǐ wǒde sān gè nǚ'ér. Dànshì wǒ yǒu bùtóng de zhǔyì. Zhèlǐ yǒu yìtiáo shǒupà. Bǎ tā fàng zài nǐde yǎnjīng shàng, zhèyàng nǐ jiù kàn bújiàn le. Wǒ ràng wǒde sān gè nǚ'ér zǒu guòqù. Nǐ zhuāzhù de nàge, tā jiù huì chéngwéi nǐde qīzi."

可能会让最小的女儿不开心。但是，如果我给你最小的女儿，那可能会让大女儿不高兴。所以我没有办法决定。"

"我有办法解决这个问题。就把三个女儿都给我。那样，你的家里就不会有问题了。"

"什么？我的三个女儿你都要？"

"这一点都不奇怪。现在每个人都有三个或四个女朋友。和你的三个女儿结婚对我来说一点都不是问题。我一定会让他们都很高兴！"

"不能这么做，猪。我不会给你我的三个女儿。但是我有不同的主意。这里有一条手帕。把它放在你的眼睛上，这样你就看不见了。我让我的三个女儿走过去。你抓住的那个，她就会成为你的妻子。"

Zhū bǎ shǒupà fàng zài yǎnjīng shàng. Jiǎ fùrén dàshēng hǎn dào, "Zhēn Zhēn, Ài Ài, Lián Lián! Lái zhèlǐ, kàn kàn shúi huì hé zhège nánrén jiéhūn."

Zhū zhàn zài fángjiān de zhōngjiān, shǒupà zài yǎnjīng shàng. Tā tīngdào sān gè niánqīng nǚrén zǒu jìn fángjiān, wéndào le měilì huāxiāng. Tā kuài kuài de zhāng kāi shuāng bì, dànshì tā shénme yě zhuā bú zhù. Tā tīngdào zuǒbiān de shēngyīn, dànshì tāde shǒu dào nàlǐ shí, tā zhǐ zhuāzhù le kōngqì. Tā tīngdào yòubiān de shēngyīn, dànshì tāde shǒu zhǐ dǎdào le qiáng shàng. Zuǒ, yòu, zuǒ, yòu. Tā yícì yòu yícì de tīngdào niánqīng nǚrén cóng tā shēnbiān jīngguò de shēngyīn, tā yícì yòu yícì de xiǎng zhuāzhù tāmen, dàn tā zhuābúdào. Zuìhòu, tā tài lèi le, zhǐ néng zuò zài dìshàng, shǒu lǐ shénme yě méiyǒu.

"Māma," tā shuō, "duì wǒ lái shuō nǐde nǚ'ér zǒu dé tài kuài le. Wǒ yígè dōu méiyǒu zhuāzhù. Wǒ yīnggāi zěnmebàn?"

猪把手帕放在眼睛上。贾妇人大声喊道，"真真，爱爱，怜怜！来这里，看看谁会和这个男人结婚。"

猪站在房间的中间，手帕在眼睛上。他听到三个年轻女人走进房间，闻到了美丽花香。他快快地张开双臂，但是他什么也抓不住。他听到左边的声音，但是他的手到那里时，他只抓住了空气。他听到右边的声音，但是他的手只打到了墙上。左，右，左，右。他一次又一次地听到年轻女人从他身边经过的声音，他一次又一次地想抓住她们，但他抓不到。最后，他太累了，只能坐在地上，手里什么也没有。

"妈妈，"他说，"对我来说你的女儿走得太快了。我一个都没有抓住。我应该怎么办？"

他快快地张开双臂,但是他什么也抓不住。

Tā kuài kuài de zhāng kāi shuāng bì, dànshì tā shénme yě zhuā bú zhù.

Eagerly he stretched out his arms, but he could not grab anything.

Jiǎ fùrén huídá shuō, "Wǒde érzi, nádiào shǒupà. Nǐ shuō wǒde nǚ'érmen tài kuài le, dàn zhè búshì wèishénme nǐ bùnéng zhuāzhù tāmen. Tāmen dōu guānxīnzhe zìjǐ de jiěmèi. Rúguǒ qítā rén bùnéng chéngwéi nǐde qīzi, nàme tāmen dōu búhuì yuànyì chéngwéi nǐde qīzi. Zhè jiùshì wèishénme tāmen dōu yào táolí nǐ."

"Māma, rúguǒ tāmen dōu bùxiǎng yào wǒ, nǐ ne? Nǐ yuànyì zuò wǒde qīzi ma?"

"Qīn'ài de érzi, xièxiè nǐ, dànshì wǒ duì nǐ lái shuō tài lǎo le. Wǒmen zhèyàng zuò ba, wǒde měi gè nǚ'ér dōu wèi nǐ zuò yí jiàn měilì de sī chènshān. Chuān shàng tāmen. Nǎ yí jiàn chènshān dàxiǎo zhènghǎo, nà jiùshì kěyǐ hé nǐ jiéhūn de nǚ'ér."

"Hěn hǎo, hěn hǎo," Zhū shuō. "Bǎ sān jiàn chènshān dōu ná lái. Wǒ dōuhuì chuānshàng shì shì de. Dànshì wǒ gàosù nǐ, rúguǒ sān jiàn dōu dàxiǎo zhènghǎo, nàme sān gè nǚ'ér wǒ dou

贾妇人回答说,"我的儿子,拿掉手帕。你说我的女儿们太快了,但这不是为什么你不能抓住她们。她们都关心着自己的姐妹。如果其他人不能成为你的妻子,那么她们都不会愿意成为你的妻子。这就是为什么她们都要逃离你。"

"妈妈,如果他们都不想要我,你呢?你愿意做我的妻子吗?"

"亲爱的儿子,谢谢你,但是我对你来说太老了。我们这样做吧,我的每个女儿都为你做一件美丽的丝衬衫。穿上它们。哪一件衬衫大小正好,那就是可以和你结婚的女儿。"

"很好,很好,"猪说。"把三件衬衫都拿来。我都会穿上试试的。但是我告诉你,如果三件都大小正好,那么三个女儿我都

yào."

"Nǐ zhēnde shì yì zhī fēicháng è de zhū," Jiǎ fūrén shuō. "Ràng wǒmen kàn kàn huì fāshēng shénme."

Zhū tuō xià le zìjǐ de chènshān, ránhòu náqǐ le dì yī jiàn sī chènshān, chuānshàng hòu dàxiǎo zhènghǎo. Dànshì tūrán, chènshān biànchéng le hěn zhòng de shéngzi, jǐn jǐn kǔnzhù Zhū de shēntǐ. Tā biàn dé yuè lái yuè jǐn. Zhū gǎndào fēicháng tòng. Tā dǎo zài le dìshàng, dāng tā dǎo zài dìshàng shí, suǒyǒu sì gè nǚrén dōu bújiàn le.

Zhège shíhòu, qítā sān gè rén - Tángsēng, Sūn Wùkōng hé Shā Sēng - zài lìng yígè fángjiān lǐ de shūshì de chuángshàng shuìjiào. Dànshì dāng Zhū dǎo zài dìshàng shí, sān rén dōu xǐng le. Tāmen kàndào zìjǐ shuì zài fángzi wàimiàn bīnglěng de dìshàng. Dà fángzi dōu bújiàn le.

Tángsēng xiàhuài le, hǎn Sūn Wùkōng. Shā Sēng yě hěn hàipà, tā

要。"

"你真的是一只非常饿的猪，"贾妇人说。"让我们看看会发生了什么。"

猪脱下了自己的衬衫，然后拿起了第一件丝衬衫，穿上后大小正好。但是突然，衬衫变成了很重的绳子，紧紧捆住猪的身体。它变得越来越紧。猪感到非常痛。他倒在了地上，当他倒在地上时，所有四个女人都不见了。

这个时候，其他三个人 - 唐僧，孙悟空和沙僧 - 在另一个房间里的舒适的床上睡觉。但是当猪倒在地上时，三人都醒了。他们看到自己睡在房子外面冰冷的地上。大房子都不见了。

唐僧吓坏了，喊孙悟空。沙僧也很害怕，他

hǎn dào, "Gēge, bāng bāng wǒmen! Wǒmen yùdào guǐ le!"

Dànshì Sūn Wùkōng zhǐshì xiào le. Zhǐyǒu tā yígè rén zhīdào fāshēng le shénme shì. Tā shuō, "Wǒ juédé zhè sōngshù lín hěn shūshì. Wǒ rènwéi wǒmen de péngyǒu Zhū Bājiè xiànzài zhèngzài xuéxí zhòngyào de yí kè."

"Nǐ zhèshì shénme yìsi?" Shā Sēng wèn.

Sūn Wùkōng shuō, "Nà sì gè nǚrén shì zhēnde shèng sēng, jiù xiàng Guānyīn yíyàng. Tāmen xiǎng shì shì wǒmen, kàn wǒmen shìbúshì duì jīngshén shēnghuó bǐ duì rénjiān de shēnghuó gèng gǎn xìngqù. Zhū xiǎng yào rénjiān de shēnghuó, xiànzài tā bìxū xuéxí zhè tòngkǔ de yí kè."

Tángsēng bìshàng le yǎnjīng, xiàng fángzi de dìfāng jūgōng. Ránhòu tā táiqǐtóu, zài fùjìn de shù shàng kàn dào yì zhāng zhǐ. Tā bǎ zhǐ cóng shù shàng ná le xiàlái, dú dào,

喊道，"哥哥，帮帮我们！我们遇到鬼了！"

但是孙悟空只是笑了。只有他一个人知道发生了什么事。他说，"我觉得这松树林很舒适。我认为我们的朋友猪八戒现在正在学习重要的一课。"

"你这是什么意思？"沙僧问。

孙悟空说，"那四个女人是真的圣僧，就像观音一样。她们想试试我们，看我们是不是对精神生活比对人间的生活更感兴趣。猪想要人间的生活，现在他必须学习这痛苦的一课。"

唐僧闭上了眼睛，向房子的地方鞠躬。然后他抬起头，在附近的树上看到一张纸。他把纸从树上拿了下来，读到，

Shānlǐ de fùrén méiyǒu yùwàng
Dànshì Guānyīn yāoqiú tā líkāi jiā
Tā de nǚ'ér yěshì zhè fángzi de kèrén
Tāmen kànqǐlái dōu hěn piàoliang!
Shèng sēng zhǐ xīwàng zhǎodào fózǔ
Dànshì zhū xiǎng yào zhège shìjiè de dōngxi
Xiànzài tā bìxū ānjìng de xuéxí
Rúguǒ tā bù zhèyàng zuò, tāde shēnghuó huì hěn nán!

Tángsēng duìzhe dàjiā dàshēng niàn le zhèxiē huà. Ránhòu tāmen tīngdào yǒurén zài sēnlín lǐ dà hǎn, "Shīfu, bāng bāng wǒ! Zhèxiē shéngzi tài jǐn le, wǒ yào bèi tāmen shāsǐ le!"

"Wùkōng," Tángsēng shuō, "nǐ tīngdào shénme le ma?"

"Méishénme, zhǐshì Zhū Wùnéng yòu zài wán le." Tā huídá shuō, "Bié dānxīn tā, ràng wǒmen xiànzài jiù zǒu ba."

Dànshì Tángsēng shuō, "Bù, wǒmen bù yīnggāi nàyàng zuò. Nǐ

山里的妇人没有欲望

　　但是<u>观音</u>要求她离开家

　　她的女儿也是这房子的客人

　　她们看起来都很漂亮！

　　圣僧只希望找到佛祖

　　但是猪想要这个世界的东西

　　现在他必须安静地学习

　　如果他不这样做，他的生活会很难！

<u>唐僧</u>对着大家大声念了这些话。然后他们听到有人在森林里大喊，"师父，帮帮我！这些绳子太紧了，我要被它们杀死了！"

"<u>悟空</u>，"<u>唐僧</u>说，"你听到什么了吗？"

"没什么，只是<u>猪悟能</u>又在玩了。"他回答说，"别担心他，让我们现在就走吧。"

但是<u>唐僧</u>说，"不，我们不应该那样做。你

dìdi Zhū hěn bèn, zhǎo le máfan. Dànshì tāde xīn shì hěn hǎo de, wǒmen xūyào tā yǒulì de bèi, kěyǐ bāng wǒmen ná xíng lǐ. Jiǎ fùrén shì le wǒmen, yòng zhè zhǒng bànfǎ lái bāngzhù wǒmen, dàn búshì zǔzhǐ wǒmen. Suǒyǐ, ràng wǒmen lái bāngzhù Zhū. Wǒ rènwéi tā búhuì zài zhèyàng zuò le!"

Tāmen sān gè rén zǒu jìn le sēnlín. Tāmen fāxiàn Zhū bèi jǐn jǐn de kǔn zài shù shàng, tòngkǔ de jiàozhe. Sūn Wùkōng zhǐshì xiàozhe duì tā shuō, "Dìdi, hěn wǎn le, dàn nǐ hái méiyǒu nǐde jiéhūn dà yàn. Nǐ hái méiyǒu gǎnxiè nǐde bàba māma, yě hái méiyǒu gàosù shīfu nǐ yào jiéhūn le. Nǐ zài zuò shénme? Nǐ māma zài nǎlǐ, nǐ de qīzi zài nǎlǐ? Bié zài zhèlǐ wán le!"

Zhū Bājiè tíngzhǐ dà jiào, zhǐshì ānjìng de kū le. Shā Sēng xiàng tā zǒu qù, dǎkāi shéngzi, bǎ tā fàng le. Zhū dǎo zài dìshàng, yícì yòu yícì de xiàng tiānkōng kētóu.

Sūn Wùkōng zhàn zài tā shēn páng, zàicì xiào le qǐlái. Tā duì Zhū

弟弟猪很笨，找了麻烦。但是他的心是很好的，我们需要他有力的背，可以帮我们拿行李。贾妇人试了我们，用这种办法来帮助我们，但不是阻止我们。所以，让我们来帮助猪。我认为他不会再这样做了！"

他们三个人走进了森林。他们发现猪被紧紧地捆在树上，痛苦地叫着。孙悟空只是笑着对他说，"弟弟，很晚了，但你还没有你的结婚大宴。你还没有感谢你的爸爸妈妈，也还没有告诉师父你要结婚了。你在做什么？你妈妈在哪里，你的妻子在哪里？别在这里玩了！"

猪八戒停止大叫，只是安静地哭了。沙僧向他走去，打开绳子，把他放了。猪倒在地上，一次又一次地向天空磕头。

孙悟空站在他身旁，再次笑了起来。他对猪

<u>猪八戒</u>停止大叫，只是安静地哭了。

Zhū Bājiè tíngzhǐ dà jiào, zhǐshì ānjìng de kū le.

Zhu Bajie stopped screaming and just cried quietly.

shuō, "Dìdi, nǐ méiyǒu rènchūlái nàxiē nǚrén shì shèng sēng ma?"

"Wǒ zěnme néng rènchū tāmen?" Zhū huídá. "Wǒde yǎnjīng zhāngzhe, dàn shénme yě kàn bújiàn."

Sūn Wùkōng gěi tā kàn le shù shàng de nà zhāng zhǐ. Zhū kàn le hòu, kū dé gèng lìhài le. Shā Sēng xiàozhe shuō, "Zhū shì zhèlǐ xìngfú de rén. Tā jīhū jiù yǒu le sì gè shèng sēng qīzi!"

"Xiōngdì," Zhū shuō, "qǐng búyào zài tán zhège le. Wǒ yìshēng zhōng zài búhuì zuò zhèyàng de shìqing le. Jiùshì sǐ le, wǒ yě huì bǎ shīfu de xínglǐ dài dào xītiān."

"Nǐ zhōngyú shuō chū le jǐ tiān qián yīnggāi shuō de huà," Tángsēng shuō. "Xiànzài, wǒmen bú zài tán zhège le. Wǒmen zǒu ba."

Shèng sēng, sān gè túdì hé lóngmǎ, suǒyǒu rén yòu kāishǐ xiàng xī zǒu qù.

说,"弟弟,你没有认出来那些女人是圣僧吗?"

"我怎么能认出她们?"猪回答。"我的眼睛张着,但什么也看不见。"

孙悟空给他看了树上的那张纸。猪看了后,哭得更厉害了。沙僧笑着说,"猪是这里幸福的人。他几乎就有了四个圣僧妻子!"

"兄弟,"猪说,"请不要再谈这个了。我一生中再不会做这样的事情了。就是死了,我也会把师父的行李带到西天。"

"你终于说出了几天前应该说的话,"唐僧说。"现在,我们不再谈这个了。我们走吧。"

圣僧,三个徒弟和龙马,所有人又开始向西走去。

The Three Beautiful Daughters
Chapter 22

My dear child, last night I told you a story about the king of Yellow Wind Mountain. I was telling you that the king caught Tangseng and planned to eat him. But Sun Wukong and Zhu Bajie stopped him, with the help of the holy monk Guanyin.

After the monkey and the pig stopped the king from eating Tangseng for dinner, the three continued to walk westward, towards Thunder Mountain. They walked for a month and met no trouble. Summer became autumn, and the air became cooler.

One day they arrived at a very wide river. Sun Wukong shaded his eyes and looked across the river. "Master," he said, "we have a problem. This river is eight hundred miles wide. I can cross it easily of course, I just have to use my cloud somersault. But for you, it is a thousand times more difficult."

Tangseng was unhappy when he heard these words. He got down from his horse. Then he looked down at the ground, and saw three words written in stone: 'Flowing Sand River'.

Just as he read these words, the water came up quickly, like a tall mountain. A giant monster jumped out. The monster's hair was red like fire, his eyes were black, and his face was a greenish black. Around his neck were nine skulls. In his hand he held a large staff.

The monster ran up onto the riverbank and tried to grab Tangseng. But the Monkey King was faster than the monster, he grabbed Tangseng and carried him away to higher ground. Zhu Bajie hit the monster with his nine-pronged rake. Zhu and the monster fought for a long time. The pig used his rake, the monster used his staff. They fought for twenty rounds but neither one could win.

As they fought, Sun Wukong watched from high ground. At first he was just amused by the fight. But as the fight continued, he became angry and wanted to fight too. He took out his Golden Hoop Rod, and said to Tangseng, "Master, please wait here. Don't be afraid. Let Old Monkey play with this monster a little!"

Zhu and the monster did not even see Sun Wukong coming, because they were fighting so hard. So Sun Wukong was able to come up behind the monster and whack him on the head with his rod. The monster was surprised. He stopped fighting, then he jumped into the Flowing Sand River and disappeared.

"Elder Brother, why did you do that?" cried Zhu Bajie. "The monster was getting tired. In another four or five rounds I would have won the fight! Now the monster has run away. What will we do now?"

Sun Wukong just laughed and said, "Brother, I must tell you. It's been a long time since I used my rod to fight and win against the King of Yellow Wind Mountain. I have not used it in a month. I just wanted to play a little! But it looks like the monster does not know how to play, and so he just ran away."

The two of them returned to Tangseng, laughing and talking. When they arrived at the place where Tangseng was waiting, they told him about the fight at the riverbank.

Tangseng said, "This monster has probably lived here a long time. So he knows this river. He knows where to wait for us. We cannot cross the river while he is waiting there."

"Yes," replied Sun Wukong. "When we catch the monster we should not kill him. We should make him take you across the river."

"Good idea," said Zhu. "You should go into the river and catch the monster."

"Well, I could fight him on the land or in the sky, but I am just not comfortable fighting in the water. Of course I could change into a fish, but I could not use my rod so I might not win the fight."

"No problem," Zhu replied, "I am comfortable in water. Remember, I was Marshal of the Heavenly Reeds when I lived in Heaven a long time ago. But I worry that the monster may have a lot of friends and relatives down there. They might help him in a fight."

Sun Wukong said, "OK. You go down there and begin fighting the monster. Then run back to the riverbank. When the monster follows you, I will fight him here on the land."

While they were talking, the monster was resting at the bottom of the river. He saw Zhu coming towards him. He shouted, "Be careful, monk. If you come closer, I might hit you with my staff!"

Zhu replied, "What kind of monster are you, and why do you try to stop us?"

"I am no monster. I have a name."

"If you are no monster, why do you want to kill people?"

"Wait there, monk, while I tell you my story. Ever since I was a child, I have had a strong spirit. Many times I traveled across the earth and into Heaven. For many years I searched for a true teacher of the Way. Finally I found a teacher of the Great Path of Golden Light. I studied with him until I found the Hall of Light within myself. I saw the face of Heaven, and I met the Jade Emperor himself. He made me the Curtain-Raising Captain. I wore golden armor and I was guardian of the throne.

"One day the Queen Mother gave a Peach Festival. I held a priceless jade cup in my hand. But I had been drinking, and I dropped and broke it. The Jade Emperor was very angry and prepared to kill me. But the Barefoot Immortal begged him to stop. So the Jade Emperor did not kill me, but he sent me to live in this river. Now I must eat people to live. The woodsman sees me and his life is ended. The fisherman sees me and he dies. I have eaten many men. And now I will eat you too. But I tell you, you don't look very tasty."

Zhu listened to this story, and he became very angry. He

shouted, "So, you don't think I will taste good? All right, then taste my rake instead!" And so, they began to fight a second time, but this fight was under the water. For two hours they fought, but neither one could win.

While they fought, Sun Wukong waited on the riverbank, holding his Golden Hoop Rod and pacing back and forth. He really wanted Zhu to bring the monster out of the water and onto the land. Finally he could not wait any longer. He ran down into the water and tried to hit the monster with his rod. The monster saw him coming, turned, and dove down to the bottom of the river again.

"You stupid ape!" cried Zhu, "If you had waited, I would have brought him up to high ground. You could have stepped between him and the river, and we would have won the fight!"

"Stop shouting at me," laughed Sun Wukong. "Let's go back to Master and discuss this."

They returned to Tangseng and told him about the fight with the monster. "What should we do now?" asked Tangseng.

"Master, you just relax," said Sun Wukong. "It's getting late. I will go and beg some vegetarian food. We can eat and rest tonight, and find a solution to the problem tomorrow." Sun Wukong jumped in the air and disappeared. He returned a short time later with some delicious food.

"Wukong," said Tangseng, "why don't we just go to the family who gave you the food, and ask them for help in crossing the river?"

"You can't do that. That family is seven thousand miles away."

"Stop telling such stories," said Zhu. "How could you go seven thousand miles, get food, and come back so quickly?"

Sun Wukong replied, "You don't know about my cloud somersault. Doing it just one time, I can travel one hundred and eight thousand miles. So traveling a few thousand miles to get food was easy for me."

"If that is easy for you, why don't you just pick up Tangseng and me, and carry us across the river?" asked Zhu.

"Well, why don't you carry him?" replied Sun Wukong.

"I cannot carry him. When I fly in the clouds, the Master would be as heavy as Tai Mountain."

"It is the same for me. But even if I could do it, it would not be a good idea. You know the saying, 'A thing easily gotten is soon forgotten'. Our Master must make this journey himself. Our job is just to guard his body and his life, but we cannot save him from the woes of this journey, and by ourselves we cannot bring back the holy books from the Western Heaven. The Master must do it."

Zhu did not say any more about it, so the three of them sat down and ate the vegetarian food.

The next morning, Sun Wukong said to Zhu, "Ok, let's try again. You go back into the water and bring the monster up onto the riverbank. This time I will try to wait for you!" So Zhu walked into the water again, holding his rake high in his hands. Again he met the monster, who shouted "You again? Watch out for my staff!"

"That old thing?" replied Zhu. "Why should I be worried?"

The monster held it in his hands and said, "This staff is quite famous. It was not made by men. It was cut from a huge tree by Wu Gang himself. It is gold at the center, and it is wrapped by pearls. I can make it large or small by just wishing it. The Jade Emperor himself gave it to me, to guard his throne. You and your little rake cannot stand against it."

"That's what you say now," replied Zhu. "But when I hit you with this rake, your blood will run out from nine holes in your body. If you don't die right away, you will die later from loss of blood!"

And so, for a third time they fought. This time Zhu tried to pull the monster onto the riverbank, but the monster understood what Zhu was trying to do and he refused to come out. Instead, the monster tried to pull Zhu down under the water.

Finally, Zhu came out of the river and stood on the riverbank. He said to Sun Wukong, "That monster is too smart, we cannot make him come up onto the riverbank."

"Yes, that's true. I think we need help. It's time for me to go to the South Sea and talk to Guanyin. This westward journey was her idea. And she has helped us many times before. Maybe she will help us again." He used the cloud somersault to travel to Potalaka Mountain in the South Sea. He arrived at Guanyin's temple. One of the local spirits met him there, and took him to see Guanyin.

"What brings you here?" she asked. "You are supposed to be with the Tang monk."

"Great Guanyin, my master took on another disciple at Gao Village. He is a pig named Zhu Bajie, and he has the religious name Zhu Wuneng. The three of us left Yellow Wind Mountain and traveled for a month. We arrived at a great river called Flowing Sands River. It is eight hundred miles wide, and we cannot cross it. Even worse, there is a monster who lives in the river. Zhu fought with him three times, but he fights very well and we cannot defeat him. We ask for your help!"

"Ah, you foolish monkey. Did you think to mention that you are a disciple of the Tang monk?"

"We just wanted to catch the monster and make him help us cross the river. I am not good in the water, so Zhu did all the fighting. Zhu had some conversation with the monster, but I don't know if he mentioned the Tang monk or not."

"That is no monster. That is the Curtain-Raising Captain, sent to the river by the Jade Emperor himself. I told him to wait for a monk who was traveling to the Western Heaven to find the Buddha's holy books and bring them back to China. If you had mentioned that you were traveling with the Tang monk, he would have gladly helped you to cross the river."

"Well, I don't know anything about that. The monster is very afraid of us now. He is at the bottom of the river and he won't come out. How can we bring him out?"

Guanyin called her disciple Moksa and handed him a small red gourd. "Go to the Flowing Sands River and call out, 'Wujing!'. He will come out right away. Bring him to the Tang monk. Then take the nine skulls from Wujing's neck and arrange them in the same positions as the Nine Palaces. Put this gourd in the center. The nine skulls and the gourd will change into a boat that will carry you across Flowing Sands River."

Moksa and Sun Wukong returned to Flowing Sands River. Moksa stood on a cloud above the water and shouted, "Wujing! Wujing! The holy monk has been here for a long time. Why have you not submitted to him yet?"

Now, the monster was still at the bottom of the river. He was very afraid of Sun Wukong. But when he heard his name, he knew that it was Moksa calling him. He lost his fear and came right out of the river to meet Moksa. He smiled and said, "Please forgive me for not greeting you earlier! Where is Guanyin?"

"She did not come. But she told me to tell you to become the disciple of the Tang monk right away. We will take the nine skulls from your neck, and this gourd, to make a boat. Then we will use the boat to take the Tang monk to the other side of this river."

"Where is this holy monk?"

Moksa looked at the riverbank and saw Zhu Bajie. "Isn't that him?"

The monster, whose name was Wujing, laughed. "That lawless pig is no holy monk. He has been fighting with me for two days!"

Moksa looked again and pointed to Sun Wukong. "Well, what about him?"

Wujing said, "That is the pig's helper. He is worse than the pig. I am not going anywhere near those two!"

"All right. Those two must be disciples of the Tang monk. Come with me and we will find the monk."

So Wujing came out of the water and onto the riverbank. They walked onto higher ground and saw Tangseng. Wujing bowed to Tangseng and said, "Master, this poor disciple has eyes but he cannot see. I beg you to forgive me and accept me as your disciple."

Zhu walked up to them. "You worthless monster! Now you bow before our Master, but you fought with me for two days. What do you have to say about that?"

Sun Wukong laughed and said, "Brother, don't shout at him. We forgot to tell him that we were traveling to the west with the Tang monk, and of course we did not tell him our names. So the monster did not know who we were."

Tangseng agreed to take Wujing as his newest and youngest disciple. He gave him the name 'Sha Monk', and told him to build the boat right away. Sha Monk took the nine skulls from his neck and arranged them like the Nine Palaces. Then he put the gourd in the middle, and they changed into a boat.

Tangseng got on the boat and stood in the center. Zhu Bajie was on his left and Sha Monk was on his right. Sun Wukong stood in the front of the boat, holding the dragon horse. Moksa stayed behind the boat, riding on a cloud. In this way they traveled across the river as fast as an arrow. The wind was calm and the water was peaceful, but the boat traveled quickly.

Soon they reached the other side. Moksa picked up the gourd and flew back on a cloud to the South Sea. The boat changed back to nine skulls, then the nine skulls changed into smoke and disappeared. Tangseng mounted his horse, and they all walked westwards again.

Chapter 23

They walked for many days, always walking away from the morning sun and towards the evening sun. In this way they traveled for two months. It was now late autumn. The trees on the mountainside were turning red, and birds were flying south in the sky above.

One day, in late afternoon, Tangseng asked, "Where should we sleep tonight?"

Sun Wukong replied, "Master, your words are not quite correct. We have left our homes long ago. We dine on the wind, we rest beside the river, we sleep under the moon, and we rest upon the cold ground. Any place can be our home. Why ask where we will sleep tonight?"

But Zhu Bajie was tired and hungry, and not feeling good. He said, "Elder Brother, I listen to your words, and I think you do not care about the comfort of others. You always want to keep going west. But think about me! I have been carrying our baggage every day, and I am tired. I wanted to be the Master's disciple, but every day I am just a coolie, carrying your baggage. Let's just look for a nice house where we can have some tea and rice, and sleep in beds."

Sun Wukong laughed and said, "Pig, I only care about one thing: the safety of the Master, and helping him get to the Western Heaven and back again. You and Sha worry about the baggage, I will worry about the Master. And if you ever don't do your job, you will taste my rod!"

"Don't talk about hitting me with your rod," replied Zhu. "I am carrying heavy bags, you only carry your rod. And look at that horse, he only carries the Master. Why can't he carry some baggage too?"

"That is no horse. That is the son of Aurun, the Dragon King of the Western Ocean. A long time ago he started a fire in his father's palace. His father was angry and wanted to kill him. But Guanyin stopped him, and sent him to wait in Eagle Grief Stream for the arrival of the Tang monk. When Tangseng arrived, he changed from a dragon to a horse, and now he is carrying the Master to the Western Heaven. He is like you, he is on the path to the Buddha, and you should not bother him."

But then, just for fun, Sun Wukong took his rod and smacked the horse on the rump. The horse ran away, up a mountainside, with Tangseng holding on tight. After a while the horse stopped running. Tangseng looked down and saw several buildings in the forest.

The other three arrived, and they all looked down at the buildings. "Look," said Tangseng, "there is a large house. Perhaps we can stay there tonight."

Sun Wukong looked at the village Then he looked up in the sky and saw strange clouds over the village. Right away he knew that was a place where spirits lived, but he did not say anything about it to Tangseng or the others.

They walked down the mountain and arrived at the gate to the house. The gate was very beautiful, and Sha Monk said, "This must be the home of some wealthy people."

Sun Wukong started to walk inside, but Tangseng stopped him, saying, "No. We are monks, we should not just walk in to someone's home. We should wait until we are invited." So the four of them sat down and waited. They waited for a really long time. Finally Sun Wukong could not wait anymore. He stood up and walked through the gate.

Inside, he saw three great halls. He walked into the middle hall, and saw a table and six chairs. He was looking at this when he heard a woman's voice behind him, saying, "Who are you, to enter someone's home without permission?"

Sun Wukong was surprised and could only say, "This

poor monk comes from the Tang land in the East. He is traveling west to seek the Buddha's scriptures. There are four of us. It was late afternoon when we found your noble home. We ask you to please give us a place to sleep tonight."

The woman smiled and said, "And where are your three friends? Please invite them to come in." Sun Wukong called to the others. Sha Monk tied up the horse outside, then they all entered the hall. Zhu Bajie carried the baggage.

The woman was beautiful. Even though she was middle-aged, she looked like a young woman. Zhu looked at her with hunger in his eyes.

The woman invited the four travelers to sit down. A servant girl came in and gave them tea in white jade cups. The smell of fine tea filled the air. The woman told the servant girl to prepare some vegetarian food for the travelers.

"Dear lady," said Tangseng, "what is your noble surname?"

She replied, "My maiden surname is Jia. My husband's family surname is Mo. His parents died and my husband inherited their fortune. He inherited ten thousand pieces of gold and silver and a tremendous amount of good land. We had no sons, only three daughters. Then two years ago my husband died. Now it is just the four of us. We have no relatives, and nobody to inherit our fortune. We have been living here by ourselves. But now we are very happy to see that the four of you have arrived. We would like very much to invite you to marry us. I don't know what you think about this!"

Tangseng heard these words, but he was so surprised that he did not know what to say. So he just sat and said nothing at all.

Lady Jia continued, "Please think about this. We have hundreds of sheep, pigs and horses, we have enough food to last for eight years, we have more gold and silver than you could ever use, and we have comfortable silk sheets.

"I am now forty five years old. My eldest daughter Zhenzhen is twenty years old. My second daughter, Aiai, is eighteen. And my youngest daughter, Lianlian, is sixteen. It is true that I am not much to look at, but my daughters are each quite lovely. Each one is well trained in everything that a wife needs to know, to take care of a home and please her husband. If you four are willing to forget about your journey, you can become masters of this house. Isn't gold and silk better than straw and dirt? Isn't it better to sleep in a warm bed than the cold ground?"

Sitting in his chair, Tangseng was like a child struck by lightning. His eyes rolled upwards, and he almost fell over. But Zhu Bajie, hearing of this wealth and seeing this beauty, became so full of desire that he could not sit. He jumped up and said to Tangseng, "Master! Didn't you hear what this woman is saying?"

Tangseng looked at him and shouted angrily, "You

animal! How can you forget who you are? We are people who have left our homes. How can we be moved by wealth and beauty?"

"Ah, I am so sorry that I upset you," said Lady Jia. "Tell me, what is so good about leaving home?"

Tangseng snapped back, "Well, tell me what is so good about staying at home?"

"Let me tell you," she said, smiling. "When spring comes, we wear beautiful new silk. In the summer, we change to wearing light silk clothes. In the autumn we drink rice wine. And in the cold of winter, our rooms are warm and our faces glow with wine. We have the delicious fruits of all four seasons. And the comfortable silk sheets of our beds will make you forget about the hard life of a monk."

Tangseng replied, "Lady, I believe that my life is much better than yours. Yes, it is true that those who stay at home have riches and comfort, and children by their side. That is a good life. But the life of a monk is also a good life. I have no worries. My body has equal amounts of yin and yang. When my life is finished, I will face the end of my life with an enlightened mind and return to my home in heaven. You only care about your beautiful body, but that will soon become old and ugly!"

When Lady Jia heard this she became angry, and said, "How dare you say these things to me! I wanted to give you a comfortable home and a good life, but you use words to hurt me instead. If you want to remain a monk, that is all right. But what about your disciples? Do any of them want to marry us and stay here?"

Tangseng thought about this for a minute, then he turned to Sun Wukong and said, "Wukong, do you want to stay here?"

"No, Master," he replied, "I know nothing of these things. Perhaps Younger Brother Zhu would like to stay."

Zhu Bajie said, "Elder Brother, don't play with me like this!" Then they all looked at Sha Monk.

Sha Monk said, "Master, I waited for you for many years. And now I have been with you just two months, please don't send me away now. I will travel with you to the Western Heaven, or die trying!"

After all the disciples had spoken, Lady Jia turned and walked out of the room, leaving Tangseng and the disciples alone. They sat there for a while, but nobody came out to offer them tea.

"See what you have done!" said Zhu. "You hurt that nice woman. Now she has gone away, the door is shut, and nobody will come out again. We will not get any more food, and we have no place to sleep tonight."

"Younger Brother, why don't you stay here and get married?" asked Sun Wukong. "You can marry one of the girls. Her family will become our family. There will be a great wedding feast. We can all eat as much as we want, and we can all stay here for a few days. Then we will leave, but you can stay, and you will be comfortable for the rest of your life."

Zhu replied, "Thank you, Elder Brother, but I have already given up that life. Why would I give up one wife only to take another wife? But I must tell you, I am hungry and I want a good meal tonight. Also, think about our horse. He has not eaten all day. If we don't feed him, he will not be able to carry Master tomorrow." And with that, Zhu walked out of the hall and went outside.

Sun Wukong waited a few minutes, then he also went outside. He was thinking about Zhu's words. So he changed into a flying insect so he could watch Zhu without Zhu seeing him.

Zhu walked over to the horse and set him free, then he shouted in its ear. The horse was frightened and ran away towards the back of the house. Lady Jia was standing there. Zhu followed the horse and approached her.

"Young monk," she said, "where are you going?"

"Hello!" he said. "I am just taking a walk in this beautiful evening, and I am also grazing my horse."

"Your Master is being foolish, I think. Why does he not want to stay here and marry?"

"Mama, we are all afraid of the Tang Emperor. He commanded us to go to the Western Heaven. Also, I would like to stay here, but I worry that your daughters will find me too ugly to marry."

"We have no man here, so having an ugly man is certainly better than having no man at all. But I agree, my daughters might be unhappy with the idea of marrying a pig."

"Please tell your daughters to not think like that. Yes, I may be a little bit ugly, but I can work very hard. Using my rake, I can quickly prepare land for farming. If there is no rain, I can make rain. If there is no wind, I can make wind. If you want your house to be taller, I can make it taller. I can do all the work that you need."

"That sounds wonderful. I want you to stay. But first you must ask your Master."

"I will not do that. He is not my father. I decide whether to stay, not him!"

"All right. Then let me talk with my daughters." Lady Jia went inside the house.

Now, Sun Wukong was still an insect, sitting in a nearby tree. He heard every word of this conversation. He flew back to Tangseng, changed back into his original form, and told Tangseng everything that Zhu and Lady Jia had discussed. Tangseng listened to this story, but he was not sure if it was true or not.

Later, Zhu returned. Tangseng asked him, "Did you graze the horse?"

"No," replied Zhu, "there is no good grass here for the horse."

Sun Wukong looked at him and said, "Yes, this is no place to graze a horse. But it is a very good place to lead a horse."

When Zhu heard this, he knew that Sun Wukong knew

what was going on. He just looked down at the ground and didn't say anything. But just then, they all heard the sound of the door opening. Two servants came out carrying red lanterns. Following them was Lady Jia and her three daughters. The daughters all bowed to the travelers.

Lady Jia was as beautiful as before, but her three daughters were more beautiful than any girls that the travelers had ever seen before. They were all dressed in golden robes. They had beautiful jade and pearls in their long black hair. They were so beautiful that they looked like fairies coming down from Heaven. Tangseng could not look at them, so he just looked down at the ground. Sun Wukong looked but could not speak. Sha Monk turned away. Only Zhu looked at them. His eyes were wide, and he was so filled with desire that he had trouble standing. He said softly, "Mama, we are very happy to meet such beautiful immortals. Now please ask these dear daughters to leave."

The girls went out, but they left the two red lanterns behind. Lady Jia said, "Well, have you decided who will marry who?"

Sha Monk said, "We have discussed this matter, and we have decided that Zhu Bajie will enter your esteemed family."

Zhu held up both of his hands and said, "No, I cannot do this." But Sun Wukong scolded him, saying "There is nothing more to discuss! I heard you talking at the back door with Lady Jia. You called her 'Mama'. We should have the wedding ceremony today. Now come here and bow to the Master. Then you can get married and have the comfortable life that you want."

"No!" shouted Zhu again. "I will not do this!"

"Of course you will do this. You have already called Lady Jia 'Mama'. So we all know that you want to do this. Now no more talk. Let's get started with the wedding ceremony. The sooner you get married, the sooner we all can have some good food and wine."

Then Sun Wukong grabbed Zhu's arm and pulled him towards Lady Jia. "Mother, take him inside," he said to her. Lady Jia walked into the house, and Zhu walked after her. She said to a servant, "Bring out some tables and chairs for our guests, and prepare a vegetarian meal for them. I will take our new master inside."

Zhu and Jia walked through the house, and they passed many rooms. Zhu looked left and right with wide eyes. "Mother," he said, "please walk more slowly. I just arrived here and do not know this house. It is so large!"

"Yes," she replied, "these rooms have all of our gold, silver, food, fine clothing, and other things. Keep walking, we are getting close to the kitchen."

Then she added, "You know, we are doing this marriage so quickly that we have forgotten some important things. Right now, you should bow eight times towards the sky."

"Of course," said Zhu. "You are right. Please sit down. I

will bow to you, and that show my gratitude to Heaven and Earth, and to you." This pleased Lady Jia, so she sat down and waited while Zhu bowed to her.

When he was finished, Zhu asked, "Please tell me, which of your daughters do you plan to give me?"

"Well," she replied, "that is a hard problem. I wanted to give you my eldest daughter, but that might make my second daughter unhappy. If I give you my second daughter, that might make my youngest daughter unhappy. But if I give you my youngest daughter, that might make my eldest unhappy. So I cannot make up my mind."

"I have a solution to this problem. Just give me all three daughters. That way, there will be no difficulties in your family."

"What? You want all three of my daughters?"

"This is not strange at all. Nowadays everyone has three or four girlfriends. Marrying all three of your daughters would not be a problem for me at all. I would certainly make them all quite happy!"

"Forget it, pig. I will not give you all three. But I have a different idea. Here is a handkerchief. Put it over your eyes so you cannot see. I will ask all three of my daughters to walk past you. Grab one, and she will be your wife."

Zhu put on the handkerchief so that it was in front of his eyes. Then Lady Jia called out, "Zhenzhen, Aiai, Lianlian!

Come here, and find out which one of you will marry this man."

Zhu stood in the center of the room with the handkerchief over his eyes. He heard the three young women enter the room, and he smelled the scent of beautiful flowers. Eagerly he stretched out his arms, but he could not grab anything. He heard a sound on the left, but when he reached there, he only grabbed the air. He heard a sound on the right, but when he reached there, he only hit the wall with his hand. Left, right, left, right. Again and again he heard the sounds of the young women moving past him, and he kept trying to grab them, but he could not. Finally, he was so tired that he simply sat down on the ground, with nothing in his hands.

"Mama," he said, "your daughters are too quick for me. I could not catch even one of them. What should I do?"

Lady Jia replied, "My son, take off the handkerchief. You say that my daughters are too quick, but that is not why you could not grab them. They all care only for their sisters. None of them wants to be your wife if it means that the others could not. That is why they all run away from you."

"Mama, if none of them wants me, how about you? Would you be my wife?"

"Dear son, thank you, but I am much too old for you. Here's what we will do. Each of my daughters has made a beautiful silk shirt for you. Put each of them on.

Whichever shirt fits you best, that is the daughter you can marry."

"Fine, fine," said Zhu. "Bring all three shirts. I will try them on. But I'm telling you, if all three of them fit me, then I want all three daughters."

"You really are a very hungry pig," said Lady Jia. "Let's see what happens."

Zhu took off his own shirt, and picked up the first silk shirt. He put it on. It fit him very well. But then suddenly the shirt changed to heavy rope, wrapped tightly around Zhu's body. It became tighter and tighter. Zhu was in terrible pain. He fell to the ground, and when he hit the ground, all four of the women disappeared.

While this was going on, the other three travelers – Tangseng, Sun Wukong and Sha Monk – were sleeping in comfortable beds in another room. But as soon as Zhu fell to the ground, all three travelers woke up. They saw that they had been sleeping outside on the cold ground. And the great house had disappeared.

Tangseng was frightened and called out for Sun Wukong. Sha Monk also was afraid, and he cried, "Elder Brother, help us! We have met some ghosts!"

But Sun Wukong just smiled. He was the only one who understood what had happened. He said, "I think that this pine forest is very comfortable. And I also think that our friend Zhu Bajie is learning an important lesson right now."

"What do you mean?" asked Sha Monk.

Sun Wukong said, "Those four women were really holy monks, just like Guanyin. They wanted to test us, to learn if we were more interested in the life of spirit than the life of this world. Zhu wanted the life of this world, and now he must learn a painful lesson."

Tangseng closed his eyes and bowed to the place where the buildings had been. Then he looked up and saw a piece of paper on a nearby tree. He picked it off the tree and read it:

> The lady of the mountain had no desire
> But Guanyin asked her to leave her home
> Her daughters also were guests in this house
> All of them looked so beautiful!
> The holy monk only wished to find Buddha
> But the pig wanted the things of this world
> Now he must learn with a quiet heart
> If he does not, life will be hard for him!

Tangseng read these words aloud to the others. Then they heard someone shouting from the forest, "Master, help me! These ropes are too tight, they are killing me!"

"Wukong," said Tangseng, "do you hear something?"

"It's nothing, just Zhu Wuneng playing again," he replied. "Don't worry about him, let's go now."

But Tangseng said, "No, we should not do that. Your younger brother Zhu is stupid and causes trouble. But his heart is good, and we need his strong back to carry our luggage. Lady Jia gave us this test to help us, not to stop us. So let's help Zhu. I don't think he will do this again!"

The three of them walked into the forest. They found Zhu tied tightly to a tree, screaming in pain. Sun Wukong just laughed and said to him, "Younger Brother, it's getting late, but you have not finished your marriage ceremony yet. You have not thanked your parents, and you have not told Master about your marriage. What are you doing? Where is your mama? Where is your wife? Stop playing around here!"

Zhu Bajie stopped screaming and just cried quietly. Sha Monk walked up to him and cut the ropes, freeing him. Zhu fell to the ground and kowtowed again and again to the sky.

Sun Wukong stood over him and laughed again. He said to Zhu, "Younger Brother, didn't you recognize those women as holy monks?"

"How could I?" Zhu replied. "My eyes were open but I could not see anything."

Sun Wukong handed him the slip of paper that was on the tree. Zhu read it and cried some more. Sha Monk smiled and said, "Zhu is the lucky one here. He almost had four holy monks for his wives!"

"Brother," said Zhu, "please don't ever talk about this again. I will never do anything like this for the rest of my life. I will carry Master's baggage to the Western Heaven, even if it kills me."

"You are finally speaking the words that you should have spoken several days ago," said Tangseng. "Now let's not talk about this anymore. Let's go."

And the holy monk, the three disciples and the dragon horse, all began walking westward again.

Proper Nouns

These are all the Chinese proper nouns used in this book.

Pinyin	Chinese	English
Ài Ài	爱爱	Ai Ai, a spirit ("love")
Áorùn	敖闰	Aurun the Dragon King, an immortal
Chìjiǎo Dàxiān	赤脚大仙	Barefoot Immortal, an immortal
Guānyīn	观音	Guanyin, a bodhsattva
Huángfēng Shān	黄风山	Yellow Wind Mountain
Jiǎ	贾	Jia, a spirit
Juǎn Lián Dàjiàng	卷帘大将	Curtain Raising Captain, a title for Sha Wujing
Léi Yīn Shān	雷音山	Thunder Mountain
Lián Lián	怜怜	Lian Lian, a spirit
Liú Shā Hé	流沙河	Flowing Sand River
Mò	莫	Mo, a spirit
Mùchā	木叉	Moksha, an immortal
Pǔtuóluòjiā Shān	普陀洛迦山	Potalaka Mountain
Shā (Wùjìng)	沙(悟净)	Sha Wujing, Tanseng's third disciple
Shā Sēng	沙僧	Sha Monk, another name for Sha Wujing
Sūn Wùkōng	孙悟空	Sun Wukong, Tangseng's eldest disciple
Tài Shān	泰山	Mount Tai
Tángsēng	唐僧	Tangseng, a Buddhist monk
Tiānpéng Yuánshuài	天蓬元帅	Marshal of the Heavenly Reeds, a title for Zhu Bajie
Wángmǔ Niángniáng	王母娘娘	Queen Mother, an immortal
Wú Gāng	吴刚	Wu Gang, an immortal
Yīng Chóu Xī	鹰愁溪	Eagle Grief Stream

Yùhuáng Dàdì	玉皇大帝	Yellow Emperor, an immortal
Zhēn Zhēn	真真	Zhen Zhen, a spirit ("truly", "really")
Zhōngguó	中国	China
Zhū (Bājiè)	猪（八戒）	Zhu Bajie, Tangseng's second disciple
Zhū Gānglìè	猪刚鬣	Zhu Ganglie, another name for Zhu Bajie)
Zhū Wùnéng	猪悟能	Zhu Wuneng, another name for Zhu Bajie

Glossary

These are all the Chinese words used in this book, not including proper nouns.

Pinyin	Chinese	English
a	啊	ah, oh, what
ānjìng	安静	quietly
ānquán	安全	safety
ba	吧	(indicates assumption or suggestion)
bǎ	把	(measure word for gripped objects)
bǎ	把	(preposition introducing the object of a verb)
bā	八	eight
bàba	爸爸	father
bǎi	百	hundred
bái (sè)	白(色)	white
bànfǎ	办法	method
bàng	棒	great
bāng (máng)	帮(忙)	to help
bāng (zhù)	帮(助)	to help
bāngshǒu	帮手	helper
bǎo	饱	full
bāo	包	to wrap, bag
bào (zhù)	抱(住)	to hold, to carry
bǎohù	保护	to protect
bǎozuò	宝座	throne
bàzi	耙子	rake
bèi	被	(passive particle)
bèi	背	back
bèi	倍	times

bēi (zi)	杯(子)	cup
bèn	笨	stupid
bǐ	比	compared to, than
bì (shàng)	闭(上)	to shut, to close up
biàn	变	to change
biān	边	side
biànchéng	变成	to become
bié	别	do not
biérén	别人	others
bīnglěng	冰冷	icy cold
bìxū	必须	must, have to
bózi	脖子	neck
bù	不	no, not, do not
búcuò	不错	not bad
bújiànle	不见了	gone
bùxíng	不行	no
cáifù	财富	wealth
cáinéng	才能	can only, ability, talent
cānjiā	参加	to participate, to join
cǎo	草	grass, straw
chá	茶	tea
cháng	长	long
chéng (wéi)	成(为)	to become
chènshān	衬衫	shirt
chī (fàn)	吃(饭)	to eat
chīdiào	吃掉	to eat up
chījīng	吃惊	to be surprised
chóng (zi)	虫(子)	insect, worm
chǒu	丑	ugly
chū	出	out

chuán	船	boat
chuān (zhe)	穿(着)	to wear
chuáng	床	bed
chúfáng	厨房	kitchen
chūlái	出来	to come out
chūn (tiān)	春(天)	spring
cì	次	next in a sequence, (measure word for time)
cóng	从	from
cōngming	聪明	clever
cūn (zhuāng)	村(庄)	village
cūnzi	村子	village
dà	大	big
dǎ	打	to hit, to play
dà hǎn	大喊	to shout
dàdiàn	大殿	main hall
dǎdòu	打斗	fight
dài	带	band
dài	戴	to wear
dàjiā	大家	everyone
dǎkāi	打开	to turn on, to open
dàmén	大门	front door
dàn (shì)	但(是)	but, however
dāng	当	when
dāngrán	当然	of course
dānxīn	担心	to worry
dào	道	path, way, Dao, to say
dào	到	to
dǎo	倒	to fall
dàshēng	大声	loud
dàshī	大师	grandmaster

dǎsuàn	打算	intend
dàxiǎo	大小	size
de	地	(adverbial particle)
de	的	of
dé (dào)	得(到)	to get
děng	等	to wait
dēnglóng	灯笼	lantern
dì	第	(prefix before a number)
dǐ (bù)	底(部)	bottom
diàn	殿	hall, temple
diào	掉	to fall, to fall out, to drop
dìdi	弟弟	younger brother
dìfāng	地方	local
dìmiàn	地面	ground
dìshàng	地上	on the ground
dītóu	低头	head bowed
dòng	栋	(measure word for buildings, houses)
dòng	洞	cave, hole
dōng	东	east
dōng (tiān)	冬(天)	winter
dòngwù	动物	animal
dōngxi	东西	thing
dòngxīn	动心	to tempt
dōu	都	all
dú	读	to read
duì	对	correct, towards someone
duìbùqǐ	对不起	I am sorry
duìmiàn	对面	opposite
dùn	顿	(measure word for non-repeating actions)

duō	多	many
duōshǎo	多少	how many?
è	饿	hungry
èr	二	two
ér shì	而是	instead
érqiě	而且	and
érzi	儿子	son
fǎ	法	law
fāguāng	发光	glowing
fàn	饭	cooked rice
fān	翻	to turn
fàng	放	to put, to let out
fáng (zi)	房(子)	house
fángjiān	房间	room
fàngqì	放弃	to give up, surrender
fāshēng	发生	to occur
fāxiàn	发现	to find out
fēi	飞	to fly
fēicháng	非常	very much
fēiguò	飞过	to fly over
fēn (zhōng)	分(钟)	minute
fēng	风	wind
fó	佛	Buddha, buddhist
fózǔ	佛祖	Buddhist teacher
fù (rén)	妇(人)	lady, madam
fùjìn	附近	nearby
fùmǔ	父母	parents
gǎn	敢	to dare
gǎn (dào)	感(到)	to feel
gāng	刚	just

gǎnjué	感觉	to feel
gǎnwù	感悟	to realize
gǎnxiè	感谢	to thank
gāo	高	tall, high
gàosù	告诉	to tell
gāoxìng	高兴	happy
gè	个	(measure word, generic)
gēge	哥哥	older brother
gěi	给	to give
gēn	根	(measure word for long thin things)
gēn (zhe)	跟(着)	with, to follow
gèng	更	more
gong (diàn)	宫(殿)	palace
gōngzuò	工作	work, job
gǔ	股	(measure word for air, flows, ...)
gǔ (tóu)	骨(头)	bone
guǎizhàng	拐杖	staff, crutch
guāng	光	light
guānshàng	关上	to close
guānxīn	关心	concern
guǐ (guài)	鬼(怪)	ghost
guì	贵	expensive
guìzhòng	贵重	precious
guò	过	to pass, (after verb to indicate past tense)
guó (jiā)	国(家)	country
guòlái	过来	to come
gùshì	故事	story
hái	还	still, also
hǎi	海	ocean, sea
hái yǒu	还有	and also

hàipà	害怕	scared
háizi	孩子	child
hǎn (jiào)	喊(叫)	to shout
hǎo	好	good, very
hào chī	好吃	delicious
hǎowán	好玩	fun
hé	和	and, with
hé	河	river
hē (zhe)	喝	to drink
hēi (sè)	黑色	black
hěn	很	very
héshang	和尚	monk
hóng (sè)	红(色)	red
hòu	后	after, back, behind
hóu (zi)	猴(子)	monkey
hòulái	后来	later
huà	话	word, speak
huài	坏	bad
huàn	换	to exchange
huáng (sè)	黄(色)	yellow
huángdì	皇帝	emperor
huí	回	to return
huì	会	will, to be able to
huídá	回答	to reply
huílái	回来	to come back
húlu	葫芦	gourd
huǒ	火	fire
huò (zhě)	或(者)	or
jǐ	几	several
jiā	家	family, home

jiàn	件	(measure word for clothing, matters)
jiàn	箭	arrow
jiàn	见	to see
jiān	间	(measure word for room)
jiǎng	讲	to speak
jiào	叫	to call, to yell
jìchéng	继承	to inherit
jìdé	记得	to remember
jiéhūn	结婚	to marry
jiějué	解决	to solve, settle, resolve
jiěmèi	姐妹	sisters
jiéshù	结束	end, finish
jīhū	几乎	almost
jìn	进	enter, advance
jǐn	紧	tight
jīn (sè)	金(色)	golden
jīn (zi)	金(子)	gold
jīn gū bàng	金箍棒	golden hoop rod
jīndǒu yún	筋斗云	cloud somersault
jīng (shén)	精(神)	spirit
jīngguò	经过	after, through
jìnqù	进去	to go in
jìnrù	进(入)	to enter
jīntiān	今天	today
jiù	就	just, right now
jiù	旧	old
jiǔ	久	long
jiǔ	九	nine
jiǔ	酒	wine, liquor
jiùshì	就是	just is

jìxù	继续	to carry on
jù	句	(measure word for sentence)
jǔ (qǐ)	举(起)	to lift
juédé	觉得	feel
juédìng	决定	to decide
jūgōng	鞠躬	to bow down
jǔxíng	举行	to hold
kāi	开	to open
kāishǐ	开始	to begin
kāixīn	开心	happy
kǎn	砍	to cut
kàn (zhe)	看	to look
kàn bújiàn	看不见	look but can't see
kàn qǐlái	看起来	it looks like
kànjiàn	看见	see
kè	课	course, lesson
kē	棵	(measure word for trees, vegetables, some fruits)
kě'ài	可爱	cute
kělián	可怜	pathetic
kěnéng	可能	maybe
kèrén	客人	guest
kētóu	磕头	to kowtow
kěyǐ	可以	can
kōngqì	空气	air
kōngzhōng	空中	in the air
kū	哭	to cry
kuài	块	(measure word for chunks, pieces)
kuài	快	fast
kuān	宽	width
kuījiǎ	盔甲	armor

kǔlì	苦力	coolie, unskilled laborer
kǔn	捆	bundle, to tie up
lā	拉	to pull
lái	来	to come
láizì	来自	from
lǎo	老	old
lǎoshī	老师	teacher
lè	了	(indicates completion)
léi	雷	thunder
léi	累	tired
lěng	冷	cold
lì	离	from, away
lǐ	里	a Chinese mile (500 meters)
lǐ (miàn)	里（面）	inside
lián	脸	face
liǎng	两	two
lìhài	厉害	amazing, powerful
líhūn	离婚	divorce
líkāi	离开	to leave
liú	流	to flow
liù	六	six
liú (xià)	留（下）	to keep, to leave behind, to stay
lóng	龙	dragon
lù	路	road
lǜ (sè)	绿（色）	green
lǚtú	旅途	journey
ma	吗	(indicates a question)
mà	骂	to scold
mǎ	马	horse
máfan	麻烦	trouble

māma	妈妈	mother
màn	慢	slow
mǎshàng	马上	right away
méi	没	no, not have
měi	每	each
méiguānxì	没关系	it's ok, no problem
měihǎo	美好	nice, happy
měilì	美丽	beautiful
méiyǒu	没有	no, not have
men	们	(indicates plural)
mén	门	door, gate
mǐ	米	rice
miàn	面	side, surface, noodles
miànqián	面前	in front
miào	庙	temple
mǐfàn	米饭	cooked rice
míng (zì)	名(字)	first name
míngtiān	明天	tomorrow
mù (tou)	木(头)	wood
ná	拿	to take
nà	那	that
nǎ	哪	which
ná qǐ lái	拿起来	pick up
nàlǐ	那里	there
nǎlǐ	哪里	where?
nàme	那么	so then
nán	难	difficult
nán	南	south
nánguò	难过	to be sad or sorry
nàxiē	那些	those

nàyàng	那样	that way
ne	呢	(indicates question)
néng	能	can
nǐ	你	you
nǐ hǎo	你好	hello
nián	年	year
niàn	念	to read
niánqīng	年轻	young
niǎo	鸟	bird
nín	您	you (respectful)
nǚ	女	female
nǚ'ér	女儿	daughter
nǔlì	努力	work hard
pà	怕	afraid
páng (biān)	旁(边)	beside
pǎo	跑	to run
péngyǒu	朋友	friend
piàoliang	漂亮	beautiful
pìgu	屁股	butt, rear end
púrén	仆人	servant
qí	骑	to ride
qì	气	gas, air, breath
qī	七	seven
qǐ	起	from, up
qián	前	in front, before
qián	钱	money
qiān	千	thousand
qiáng	墙	wall
qiáng (dà)	强(大)	strong, powerful
qiánwǎng	前往	go to

qíguài	奇怪	strange
qǐlái	起来	(after verb, indicates start of an action)
qīn'ài de	亲爱的	dear
qǐng	请	please
qīng	轻	lightly
qīng (chǔ)	清(楚)	clear
qīng shēng	轻声	speak softly
qīnqi	亲戚	relative
qítā	其他	other
qiú	求	to beg
qiū (tiān)	秋(天)	autumn
qīzi	妻子	wife
qù	去	to go
ràng	让	to let, to cause
ránhòu	然后	then
rè	热	heat
rén	人	person, people
rèn chū	认出	to recognize
rènhé	任何	any
rénjiān	人间	human world
rènwéi	认为	to believe
róngyì	容易	easy
rù	入	to enter
rúguǒ	如果	if, in case
sān	三	three
sēnlín	森林	forest
shā	杀	to kill
shān	山	mountain
shàng	上	on, up
shāng (hài)	伤(害)	hurt

shàngkōng	上空	over the sky
shén	神	god
shēn (tǐ)	身(体)	body
shèng (rén)	圣(人)	saint, holy sage
shèng sēng	圣僧	holy monk, Bodhisattva
shēnghuó	生活	life
shēngmìng	生命	life
shēngqì	生气	angry
shēngyīn	声音	sound
shéngzi	绳子	rope
shēnhòu	身后	behind
shénme	什么	what?
shénme yàng	什么样	what kind
shí	十	ten
shì	是	is, yes
shì	试	to taste, to try
shì (qing)	事(情)	matter
shí (tou)	石(头)	stone
shí (wù)	食(物)	food
shīfu	师父	master
shíhòu	时(候)	time, moment, period
shíjiān	时间	time, period
shìjiè	世界	world
shǒu	手	hand
shǒubì	手臂	arm
shǒupà	手帕	handkerchief
shū	书	book
shù (mù)	树(木)	tree
shuāng	双	a pair
shūfú	舒服	comfortable

shuǐ	水	water
shúi	谁	who
shuì (jiào)	睡(觉)	to sleep
shuǐguǒ	水果	fruit
shuō (huà)	说(话)	to say
shūshì	舒适	cozy, comfortable
sì	四	four
sǐ	死	dead
sī	丝	silk
sīchóu	丝绸	silk cloth
sìjì	四季	seasonal (four seasons)
sòng (gěi)	送(给)	to give a gift, to send
sōngshù	松树	pine tree
suì	岁	years of age
suīrán	虽然	although
suǒyǐ	所以	so, therefore
suǒyǒu	所有	all
sùshí	素食	vegetarian food
tā	他	he, him
tā	它	it
tā	她	she, her
tài	太	too
tái (qǐ)	抬(起)	to lift up
táitóu	抬头	to look up
tàiyáng	太阳	sunlight
tán	谈	to talk
táo (zǒu)	逃(走)	to escape
tiān	天	day, sky
tiānkōng	天空	sky
tiānshàng	天上	heaven

tiáo	条	(measure word for narrow, flexible things)
tiào	跳	to jump
tīng	听	to listen
tíng (zhǐ)	停(止)	stop
tīng qǐlái	听起来	sound
tòng (kǔ)	痛(苦)	suffering
tóngyì	同意	to agree
tóu	头	head
tóufà	头发	hair
tǔ	土	dirt, earth
túdì	徒弟	apprentice
tǔdì	土地	land
tuō (xià)	脱(下)	to take off (clothes)
tūrán	突然	suddenly
wài	外	outside
wán	完	finish
wán	玩	to play
wàn	万	ten thousand
wǎn	晚	late, night
wánchéng	完成	to complete
wǎnfàn	晚饭	dinner
wáng	王	king
wàng (jì)	忘(记)	to forget
wánghòu	王后	queen
wǎnshàng	晚上	evening
wèi	位	(measure word for people (polite))
wèi	为	for
wèi	喂	to feed
wèishénme	为什么	why
wèn	问	to ask

wén (dào)	闻(到)	to smell
wèntí	问题	problem, question
wǒ	我	I, me
wǔ	五	five
wúfǎwútiān	无法无天	lawless
xī	西	west
xià	下	down, under
xià huài	吓坏	frightened
xiàlái	下来	come down
xiān	先	first
xiān	仙	immortal
xiàng	像	like, to resemble
xiàng	向	towards
xiǎng	想	to want, to miss, to think of
xiāng	香	fragrant, incense
xiāngxìn	相信	to believe, to trust
xiānnǚ	仙女	fairy, female immortal
xiànzài	现在	just now
xiào	笑	to laugh
xiǎo	小	small
xiǎoshí	小时	hour
xiǎoxīn	小心	to be careful
xiàtiān	夏天	summer
xiàwǔ	下午	afternoon
xiě	写	to write
xièxie	谢谢	thank you
xīn	心	heart, mind
xīn	新	new
xíng	行	can, to travel
xìng	姓	surname

xǐng (lái)	醒(来)	to wake up
xìngfú	幸福	happy
xíngli	行李	baggage
xìngqù	兴趣	interest
xíngrén	行人	traveler
xiōngdì	兄弟	brother
xiūxi	休息	to rest
xīwàng	希望	to hope
xǔduō	许多	many
xuě	血	blood
xué (xí)	学(习)	to learn
xūyào	需要	to need
yān	烟	smoke
yàn (huì)	宴(会)	feast, banquet
yǎn (jīng)	眼(睛)	eye
yáng	羊	goat or sheep
yáng	阳	masculine principle in Daoism
yàngzi	样子	to look like, appearance
yào	要	to want
yāoguài	妖怪	monster
yāoqiú	要求	to request
yě	也	also, too
yèwǎn	夜晚	night
yī	一	one
yī (fu)	衣(服)	clothes
yìdiǎn ('er)	一点(儿)	a little
yídìng	一定	for sure
yígòng	一共	altogether
yǐhòu	以后	after
yīhuǐ'er	一会儿	a while

yǐjīng	已经	already
yīn	阴	feminine principle in Daoism
yíng	赢	to win
yīnggāi	应该	should
yīnwèi	因为	because
yìqǐ	一起	together
yǐqián	以前	before
yìshēng	一生	lifetime
yìsi	意思	meaning
yíxià	一下	a bit, a short quick action
yìxiē	一些	some
yíyàng	一样	same
yìzhí	一直	always, continuously
yǐzi	椅子	chair
yòng	用	to use
yòu	又	also
yòu	右	right (direction)
yǒu	有	to have
yóu (yǒng)	游(泳)	to tour
yǒudiǎn	有点	a little bit
yǒumíng	有名	famous
yǒurén	有人	someone
yú	鱼	fish
yù	玉	jade
yǔ	雨	rain
yù (dào)	遇(到)	to encounter
yuánliàng	原谅	to forgive
yuànyì	愿意	willing
yuè	越	more
yuè (liang)	月(亮)	moon, month

yuè lái yuè	越来越	more and more
yuèguāng	月光	moonlight
yún	云	cloud
yùwàng	欲望	desire
zài	再	again
zài	在	in, at
zài yìqǐ	在一起	together
zào	造	to make
zǎo	早	early
zǎochén	早晨	morning
zǎodiǎn	早点	early
zǎoshàng	早上	morning
zěnme	怎么	how
zěnme bàn	怎么办	how to do
zěnme yàng	怎么样	how about it?
zěnyàng	怎样	how
zhàn	站	to stand
zhàndòu	战斗	fighting
zhāng	张	(measure word for pages, flat objects), to open
zhāng	章	chapter
zhàngfu	丈夫	husband
zhǎo	爪	claw
zhǎo	找	to search for
zhàogù	照顾	to take care of
zhe	着	(indicates action in progress)
zhè	这	this
zhè shí	这时	at this moment
zhèlǐ	这里	here
zhème	这么	such
zhēn	真	true, real

zhèng (zài)	正(在)	(-ing)
zhènghǎo	正好	just right
zhēnzhū	珍珠	pearls
zhèxiē	这些	these ones
zhèyàng	这样	such
zhǐ	只	only
zhǐ	纸	paper
zhǐ	指	to point at
zhī	只	(measure word for animals)
zhīdào	知道	to know
zhǐshì	只是	just
zhǐyào	只要	as long as
zhòng	重	heavy, hard
zhōng	中	in, middle
zhòng dì	种地	farming
zhōngjiān	中间	middle
zhòngyào	重要	important
zhōngyú	终于	finally
zhù	住	to live, to hold
zhū	猪	pig
zhuā (zhù)	抓(住)	to arrest, to grab
zhuǎn	转	to turn
zhuǎnshēn	转身	turn around
zhuǎnxiàng	转向	turn to
zhǔnbèi	准备	ready, prepare
zhuō (zi)	桌(子)	table
zhǔrén	主人	owner
zhǔyì	主意	idea, plan, decision
zì	字	written character
zìcóng	自从	ever since

zìjǐ	自己	oneself
zǒng shì	总是	always
zǒu	走	to go, to walk
zǒu jìn	走近	to approach
zuì	最	the most
zuìhòu	最后	at last, final
zuò	座	(measure word for mountains, temples, big houses, …), seat
zuò	做	to do
zuò	坐	to sit
zuǒ	左	left (direction)
zuó (tiān)	昨(天)	yesterday
zuǒyòu	左右	approximately
zǔzhǐ	阻止	to stop, to prevent

About the Authors

 Jeff Pepper (author) is President and CEO of Imagin8 Press, and has written dozens of books about Chinese language and culture. Over his thirty-five year career he has founded and led several successful computer software firms, including one that became a publicly traded company. He's authored two software related books and was awarded three U.S. patents.

 Dr. Xiao Hui Wang (translator) has an M.S. in Information Science, an M.D. in Medicine, a Ph.D. in Neurobiology and Neuroscience, and 25 years experience in academic and clinical research. She has taught Chinese for over 10 years and has extensive experience in translating Chinese to English and English to Chinese.

www.ingramcontent.com/pod-product-compliance
Lightning Source LLC
Chambersburg PA
CBHW071452080526
44587CB00014B/2085